U0120976

2019年度福建省社科规划基金项目

"清末福州东文学堂藏书研究"（FJ2019C017）最终研究成果

2019年度国家古籍整理出版专项经费资助项目

"力钧研究文献全编"阶段性成果

清末福州东文学堂藏书研究

胡彩云 ◎ 著

广陵书社

本学堂学课分为二门曰豫习科日本科豫习科主习

学以一周年为限本科东习专通学以二周年为限豫

科分为二期曰前期曰彼期本科分为二学年曰第一

年曰第二学年课目太列左

豫习科前期学课目太

学白　　　　　前三阅月

汉文章程

学白　　　　　后三阅月

图书在版编目（CIP）数据

清末福州东文学堂藏书研究 / 胡彩云著. -- 扬州：
广陵书社，2022.10
ISBN 978-7-5554-1912-9

Ⅰ. ①清… Ⅱ. ①胡… Ⅲ. ①藏书－研究－福州－清
后期 Ⅳ. ①G259.295.2

中国版本图书馆CIP数据核字(2022)第185331号

书　　名　清末福州东文学堂藏书研究
著　　者　胡彩云
责任编辑　王浩宇
装帧设计　傅　翔

出版发行　**广陵书社**
　　　　　扬州市四望亭路 2-4 号　　　邮编　225001
　　　　　（0514）85228081（总编办）　85228088（发行部）
　　　　　http://www.yzglpub.com　　E-mail:yzglss@163.com

印　　刷　无锡市海得印务有限公司
装　　订　无锡市西新印刷有限公司

开　　本　889 毫米 × 1194 毫米　1/32
印　　张　6
字　　数　125 千字
版　　次　2022 年 10 月第 1 版
印　　次　2022 年 10 月第 1 次印刷
标准书号　ISBN 978-7-5554-1912-9
定　　价　60.00 元

目 录

第一章 绪论 ·· 1

一、福州东文学堂创办的历史背景 ················· 1

二、福州东文学堂的办学概况 ····················· 6

三、已开展的有关福州东文学堂的研究 ············· 8

四、清末福州东文学堂藏书的研究价值············ 16

第二章 福州东文学堂藏书的传承 ················· 18

一、福州东文学堂藏书的发现 ····················· 18

二、福州东文学堂藏书的传承 ····················· 20

第三章 福州东文学堂藏书概况 ················· 42

一、福州东文学堂藏书的来源 ····················· 43

二、福州东文学堂藏书的数量 ····················· 56

三、福州东文学堂藏书的特点 ····················· 62

第四章 福州东文学堂藏书的管理与图书馆近代化关系

·· 74

第一节 福州东文学堂藏书的管理·················· 74

一、《借书约章六条》·················· 74

二、管理措施·················· 85

第二节 福州东文学堂藏书与图书馆近代化关系分析

·················· 91

一、1898—1904 年期间，中国近代图书馆的

概况及特征 92

二、福州东文学堂藏书与图书馆近代化关系分析

·················· 99

第五章 福州东文学堂藏书与清末福建教育近代化 ··· 108

第一节 福州东文学堂藏书与学堂课程·················· 108

一、福州东文学堂藏书的主题·················· 109

二、福州东文学堂开设的课程·················· 111

第二节 福州东文学堂藏书与清末福建教育近代化··· 122

一、福州东文学堂藏书与清末福建教育近代

化关系分析 ·················· 123

二、福州东文学堂的文献资源保障功能分析····· 134

第六章 福州东文学堂藏书个案研究·················· 140

第一节 福州东文学堂藏东京博文馆图书·············· 140

一、东京博文馆·················· 142

二、福州东文学堂购置东京博文馆版图书之

原因分析 ·················· 146

三、福州东文学堂藏博文馆《工业丛书》……… 149

第二节　福州东文学堂藏福州美华书局铅印本《大
美国史略》……………………………………… 153

一、福州美华书局…………………… 154

二、福州美华书局铅印本《大美国史略》……… 156

附录　福州东文学堂图书印及部分藏书、资料书影 …… 160

参考文献 ……………………………… 174

后　记 ………………………………… 180

第一章 绪论

甲午中日战争结束三年后，即光绪戊戌年（1898）七月二十一日[①]，福州东文学堂在福建省城福州仓山开堂办学了。它是在1898—1907年期间创办的以学习日语为主的30多个新式日语学校中的一所，是福建最早的一所私立日语学校。创办者为力钧、陈宝琛等福州当地的士绅。学堂主要教习日语，同时还开设其他较简易、浅显的课程。1903年十二月十二日，由福州东文学堂改组扩充的全闽师范学堂正式开学，福州东文学堂独立存在时间不长，仅5年多。福州东文学堂的创办虽然难掩日本扶植在华势力的意图，但也体现了清政府"师夷长技以制夷"的强烈需求。

一、福州东文学堂创办的历史背景

甲午中日战争的失败，对于以天朝上国自居的清政府来

---

① 据《福州东文学堂三年报告汇编·开学缘起》载，福州东文学堂开始办学的时间为光绪戊戌年七月二十一日，有学者述为1898年9月6日。根据清朝历法，七月二十一日为阴历，9月6日为阳历，实为同一天。另据日本1898年10月7日（日本历法）的《官报》中，关于"福州东文学堂"条曰"东文学堂设立于本年七月（清历）"。详见《附录》部分书影。此条再次明确了福州东文学堂的创办时间。

说，不啻为当头一棒。不仅如此，清政府还被迫与之签订了丧权辱国的《马关条约》，朝野上下一片震惊，有识之士纷纷意识到学习西方先进技术以求自强的重要性。他们把目光转向位于东方且成功学习西方国家以自强的日本。

1. 清末留学日本思潮推动

洋务派代表张之洞在《劝学篇》中认为"出洋一年胜于读西书五年"，"入外国学堂一年，胜于中国学堂三年"。不仅如此，他认为中国要富强兴盛，当向日本学习，派员留学日本。他分析了日本强盛的原因，即"日本，小国耳，何兴之暴也？伊藤、山县、榎本、陆奥诸人皆二十年前出洋之学生也，愤其国为西洋所胁，率其徒百余人分诣德、法、英诸国，或学政治、工商，或学水陆、兵法，学成而归，用为将相，政事一变，雄视东方"①。张之洞在《劝学篇》中还列举了留学日本的便利之处，"至游学之国，西洋不如东洋：一、路近省费，可多遣；一、去华近，易考察；一、东文近于中文，易通晓；一、西学甚繁，凡西学不切要者，东人已删节而酌改之。中东情势，风俗相近，易仿行，事半功倍，无过于此"②。除此之外，他还指出学习日本应当采用日本书籍。"至各种西学书之要者，日本皆已译之，我取径于东洋，力省效速，则东文之用多。……学西文者，效迟而用博，为少年未仕者计也；译西书者，功近而效速，为中年已仕者计也。"③

① 张之洞：《劝学篇》，北京师范大学出版社 2014 年版，第 57 页。
② 张之洞：《劝学篇》，第 57 页。
③ 张之洞：《劝学篇》，第 64 页。

张之洞的主张得到了当时清廷的认可与推崇,并把向日本派遣留学生作为一项政策确定下来。1898年六月十五日,光绪皇帝谕军机大臣:"出国游学,西洋不如东洋。东洋路近费省,文字相近,易于通晓,且一切西书均经日本择要翻译。着即拟定章程,咨催各省迅即选定学生陆续咨送;各部院如有讲求时务愿往游学人员,亦一并咨送,均毋延缓。"[①]

受这种思潮的推动和影响,全国各地兴起了学习日本、留学日本的热潮。要学习日本,首先要掌握日本的语言。于是,国内有识之士认识到学习和掌握日语的重要性,一批以教授和学习日语为主要目标的新式学校便应运而生。学校名称不一,如京师同文馆之东文馆、上海东文学社、福州东文学堂。这是福州东文学堂创办的历史原因。

2. 学堂创办者积极推进

当然,福州东文学堂的创办者力钧、王孝绳等士绅的见闻更加激发了创办一所学习日语学堂的紧迫感,构成了福州东文学堂创办的直接原因。据《福州东文学堂三年报告汇编》的《开学缘起》载:"光绪丁酉,侯官孙幼谷太守奉檄办福建银元局事因,永福力轩举、孝廉东游日本,考察造币改良之术。孝廉躬睹彼国治政之美备,学校之振兴骎骎焉,方驾欧美。益信国家之盛衰视乎人才,人才之盛衰视乎人才,人才之盛衰视乎

---

① 朱有瓛:《中国近代学制史料·第二辑(上)》,华东师范出版社1987年版,第17页。

教养，有不得诿诸世运者也。"[①] 1897 年的日本考察见闻，使力钧、王孝绳深感国家的兴盛只能依靠兴办学校、培养人才。当他们目睹来福州安装机器的日本普通工匠竟能花时间和精力学习难懂的书籍，更加切身感受日本教育的普及与先进。他们认为，日本是学习西方并且取得成效显著的一个实例，必须"取法日本"。《福州东文学堂三年报告汇编》中多处记载日本翻译西书新法的史实，如《拟刊东文学堂募捐公启》载："公启者，孟子有言，当务为急，伊尹所志，先觉自任。中国自通商以来，各省士夫胥知讲求西学有裨实用。官立私立之学堂所在多有，吾闽僻处海滨，见闻孤陋，而林文忠公督粤首开译书之风，沈文肃公督船政，先立前后两学堂，聚颖秀子弟以肄英法文字。数十年来成就斐妙，持节绝域者出焉，总统海军者出焉，使才将略上报。"[②] 而且，福州当地绅董们认识到，向日本学习主要有四个便利之处。"中东饮食起居，略相仿佛，其便一。谐声五十，不尽聱牙，会意后先，略已具体，其便二。西书新法东译较多，择要而从，事半功倍，其便三。就近延聘，因地制宜，费省而效速，其便四。"[③]

福州东文学堂创办者之一王孝绳在 1898 年二月目睹了上海东文学社开学典礼，深感福建创办一所东文学堂的紧迫性。

---

① 王孝绳：《福州东文学堂三年报告汇编·开学缘起》，福建师范大学图书馆古籍部藏，光绪二十七年（1901）抄本，第 1 页。

② 王孝绳：《福州东文学堂三年报告汇编·拟刊东文学堂募捐公启》，第 84 页。

③ 王孝绳：《福州东文学堂三年报告汇编·拟建福州东文学堂小启》，第 6 页。

"戊戌二月偶过上海，适梅福里之东文学社于是月十七日举行开学之式，蒙往观礼。退而思，继设于福州，草拟小启。""梅福里之东文学社"即为上海东文学社，始创者为蒋黼、狄葆贤、汪康年、邱宪、罗振玉。该学社是清末国内第一家专业学习日文的学堂，具有很大的影响力。在亲自参加上海东文学社开学式之后，王孝绳受到启发，考虑在福建本土创办一所东文学社。是"小启"即为《福州东文学堂三年报告汇编》的《拟建福州东文学堂小启》。加之此前东游日本考察造币之术，目睹日本自明治维新以来在政治、教育等方面的振兴，继而萌生发展教育、创办学堂的想法，于是福州东文学堂便应运而生了。创办者的亲身经历直接激发了创办东文学堂的积极性与紧迫性。

福州东文学堂的顺利创办，除了当时举国形势使然和创办者的精心筹备之外，客观上也受到日本的"关注"与"支持"。日本将福建作为其"对岸经营"的前沿阵地，福州也被纳入其范围。在学堂创办之初，东亚同文会就帮助介绍聘请日本教习，即"介东亚同文会董事中岛真雄君延教习于日本东京，六月中旬福冈县冈田兼次郎应聘而来"[1]。在创办过程中，在1898—1900年期间，日本官商向福州东文学堂陆续捐款，在所列捐款项目中，有17条来自日本海军、陆军、东亚同文会等，其意图显而易见。虽然日本的"关注"和"支持"根本上是为了推行其同化政策，但客观上也使福州东文学堂得以在艰难的办学历程中得以维持。

---

[1] 王孝绳：《福州东文学堂三年报告汇编·开学缘起》，第4页。

二、福州东文学堂的办学概况

1. 福州东文学堂的办学宗旨及招生对象

福州东文学堂在留学日本热潮下由福州当地士绅创办，其办学宗旨在《福州东文学堂三年报告汇编》的《东文教习演说开学大旨》中明确指出了，即"兴实学"，学习东文，培养"实用人才"，达"强国富民之道"。学堂招收"年十五岁以上三十岁以内、文理通顺者"入堂学习。

2. 学堂开设课程

福州东文学堂作为一所新式学校，以习东文为目的，订立《东文章程》，具体内容为："本学堂学课分为二门，曰预习科，曰本科。预习科主习语学，以一周年为限；本科兼习普通学，以二周年为限。预习科分为二期，曰前期，曰后期；本科分为二学年，曰第一学年，曰第二学年。"[①]同时订立《汉文章程》，开设汉文课程，具体内容为："本学堂宗旨：治经通大义，讲理学正人心，考史明治体，读本朝圣训及名臣奏议审朝政，阅外国史达时务。毕业后习经义，兼习经师专门之学；习《通鉴》，兼习专史及史评考、史书；习《通考》，兼习《通典》、《通志》、'续三通'、'皇朝三通'；习圣训奏议，兼习本朝政治专书；习外国史，兼习西国专门之业、新译之书。"[②]

3. 福州东文学堂图书室藏书

为了满足日常教学及当时学习西方科学知识的需要，学堂

---

① 王孝绳：《福州东文学堂三年报告汇编·东文章程》，第23页。
② 王孝绳：《福州东文学堂三年报告汇编·汉文章程》，第26—27页。

通过购置和接受捐赠等方式配备了一批日文原版书。根据书中钤印的"福州东文学堂图书印",笔者经过整理与统计,得知保存较完好的藏书有53种54册,部件缺失或严重破损的有56种56册,二者加起来共109种110册。当然,这只是学堂藏书的一部分,有的在后来学堂的辗转搬迁与炮火洗礼中遗失。目前在福建省内的各高校图书馆和公共图书馆均未发现该学堂的藏书,由此凸显了这批藏书的重要历史意义。该学堂的日文藏书大都为日本明治时期东京博文馆、东京富山房、东京金港堂书籍株式会社等出版的洋装图书,是难得一见的外文古籍。

4. 学堂的教育和办学主权

因福州东文学堂的创办客观上与日本存在一定的联系,有的学者认为福州东文学堂为东亚同文会经营。关于这个问题,笔者认为福州东文学堂是由陈宝琛、孙葆瑨、力钧、王孝绳等福州当地士绅共同捐资创办的,学堂的教育和办学主权始终掌握在中国人手里。

首先,《福州东文学堂三年报告汇编》中的《学堂经理人沿革表》中所列的"经理人/主理总董"名单,分别是刘学恂(光绪己亥、庚子年)、陈宝琛(光绪辛丑年),汉文教习、算学教习、驻堂董事、领班学长、司事等职都由本国人担任,仅有东文总教习、东文副教习由日本人担任。《创办学堂绅董题名》所列创办学堂的绅董有:陈宝琛、陈璧、孙葆瑨、力钧、史式珍、刘崇杰、孙葆琳、王孝绳、刘学恂、王仁东、沈翊清、刘鸿寿,均为福州当地士绅。

其次，学堂在办学过程中，如遇经费不充足又暂时筹不到款的情况，由"绅董互保向钱庄低息借款应用，续筹接济"。学堂后来的办学去向，是由办学绅董陈宝琛与闽浙总督陈仰祈共同商定，将学堂改组扩充为官办全闽师范学堂，此类种种足以证明，福州东文学堂是由中国人自己创办并经营的一所新式学堂。

虽然福州东文学堂办学时间短暂，但却受到了学界的关注和研究。

三、已开展的有关福州东文学堂的研究

（一）国内研究情况

综合资料搜集的情况来看，国内对福州东文学堂的研究包含以下内容：

1. 福州东文学堂的创办者方面

主要存在两种观点，一种观点认为福州东文学堂是由福州当地士绅创办的。持这种观点的有庄明水先生，他在《福建教育史》中指出，"该校（福州东文学堂）是在侯官太守孙幼谷倡议下，由前内阁大学士陈宝琛、士绅刘学恂等合作创办的"[①]；他在《陈宝琛在兴办福建近代新学中的贡献》中，认为"福州太守孙幼谷及省绅陈宝琛、刘学恂等人商议，决定设立该校（福州东文学堂）"[②]，高时良、陈名实先生也持同样观点，其在

---

① 刘海峰等：《福建教育史》，福建教育出版社1996年版，第259页。
② 庄明水：《陈宝琛在兴办福建近代新学中的贡献》，载《陈宝琛与中国近代社会》，陈宝琛教育基金筹委会1997年编，第417页。

《陈宝琛与福州东文学堂》中指出，福州东文学堂是在"陈宝琛首倡，当代士绅孙葆瑨等共同努力下成立"[①]。有相同看法的是刘建云，他在《围绕福州东文学堂的日中关系》中指出，该校是孙葆瑨、陈宝琛、力钧等福州有识之士共同设立的，而中岛真雄是出于友情对福州士绅力钧等提供建议，协助招聘东文教习等事。[②] 黄庆法在《福州东文学堂述论》中对此问题也进行了研究，他认为，"福州东文学堂是由日本人中岛真雄创办的，或为创办人之一等说法，是难以成立的。据目前所掌握的史料判断，只能说它是福州维新人士所开设的"[③]。与黄庆法有同样观点的是黄新宪，他在《台湾教育：从日据到光复》中认为，"被视为该学堂创办人的日本东亚同文会福州支部主任中岛真雄，只是对福州士绅的办学活动提出建议，并协助招聘日文教师。认为中岛真雄获得陈宝琛的协作而创办东文学堂，甚至断定东亚同文会是近代日本进行台湾籍民教育事业的先驱，把福州东文学堂定位为台湾籍民教育机构的说法，是不正确的"[④]。

一为日方主导，或在日方倡导下创办。有的学者认为，福州东文学堂为东亚同文会经营，"二十世纪初叶，属于东亚同

① 高时良等：《陈宝琛与福州东文学堂》，载《陈宝琛与中国近代社会》，陈宝琛教育基金筹委会 1997 年编，第 428 页。

② 刘建云：《围绕福州东文学堂的日中关系》，《亚洲教育史研究》2000 年第 9 期，第 13—24 页。

③ 黄庆法：《福州东文学堂述论》，《华侨大学学报（哲学社会科学版）》，2004 年第 2 期。

④ 黄新宪：《台湾教育：从日据到光复》，上海人民出版社 2012 年版，第 167—168 页。

文会经营的学校有：福州的东文学堂（1898），后改名为全闽师范学堂；泉州的彰化学堂（1899）；漳州的中正学堂（1899）；厦门的东亚书院（1900）……"①

2. 福州东文学堂教育办学方面

高时良与陈名实合撰的《陈宝琛与福州东文学堂》从六个方面阐述了陈宝琛对福州东文学堂创办及清末福建教育向近代教育转型的贡献，"为了扩大教育对近代社会建设的功能，陈宝琛与闽浙总督等人毅然把东文学堂改办为全闽师范学堂，以为培养中小学教师的基地"②。黄庆法的《福州东文学堂述论》以福州东文学堂与日本的关系为切入点，对日本人在学堂创办时所扮演的角色，学堂的经营状况和日本的资助，学堂的教育情况和日本教习，以及日本介入学堂的真正用意等问题进行了探讨。黄庆法在《台湾总督府的"对岸经营"研究——以教育为中心》的博士学位论文第三章中，以福州东文学堂为个案，探讨在学堂办学过程中日本东亚同文会、台湾总督府通过提供资金援助等手段介入学校的经营、企图扶植日本势力等问题。

3. 福州东文学堂的办学经费方面

但凡提到福州东文学堂创办基本情况，几乎都涉及办学经费来源方面的论述。从学界研究来看，并无大的争议，有的只是略详之分。简单提及者如：《陈宝琛在兴办福建近代新学中的贡献》中，庄明水认为，"办学经费由陈宝琛等士绅捐助及由

---

① 刘德有等：《中日文化交流事典》，辽宁教育出版社1992年版，第667页。
② 高时良等：《陈宝琛与福州东文学堂》，载《陈宝琛与中国近代社会》，第441页。

绅董互保向钱庄借贷"①。卢美松在《八闽文化综览》中认为"福州东文学堂,于光绪二十四年(1898),在侯官太守孙幼谷倡议下,由陈宝琛、刘学恂等地方士绅捐资创办"②。庄明水著的《陈宝琛开拓福州近代新学》中也简要说明了福州东文学堂的办学经费来源,"由地方士绅认捐及由绅董互保向钱庄借贷,日本东亚同文会及部分日本官、商也捐了款"③。

黄庆法《台湾总督府的"对岸经营"研究——以教育为中心》则详细论述了福州东文学堂办学经费的来源,"绅董的捐款以及学生交纳的学杂费用于学堂的日常开支。除个人捐资外,孙葆瑨还把福建银元局的部分盈余充作福州东文学堂的运营资金","福州东文学堂收入,即运营资金来源主要依靠学堂发起人、绅董的捐款以及日本方面的捐资"。此外,"福州东文学堂还向社会各方面进行募捐筹款,并采取相应的优惠政策","学堂绅董把募捐的对象主要限定在本省人士"④。其中,关于日本的资助方面,黄庆法以独立章节详细论述。论文以《福州东文学堂三年报告汇编》的"日本官商捐款"整理出《日本官商捐款一览表》,明确了"除了东亚同文会外,捐款人数

---

① 庄明水:《陈宝琛在兴办福建近代新学中的贡献》,载《陈宝琛与中国近代社会》,第417页。

② 卢美松:《八闽文化综览》,福建人民出版社2013年版,第141页。

③ 庄明水:《陈宝琛开拓福州近代新学》,载《闽都文化研究(上)》,海峡文艺出版社2006年版,第240页。

④ 黄庆法:《台湾总督府的"对岸经营"研究——以教育为中心》,厦门大学2008年博士论文,第64—68页。

多达 27 人"①, 捐款人主要涵盖"日本军方人士、台湾总督府的官员以及其他一些相关人士"②。总的来说, 关于福州东文学堂办学经费方面的研究, 最全面、最深入者当属黄庆法先生。

4. 福州东文学堂日文教习方面

福州东文学堂为了提高日语教学效果, 经东亚同文会董事中岛真雄介绍, 从日本东京聘请日文教习。光绪戊戌年（1898）六月, 福冈县冈田兼次郎应聘而来。从 1898 年福州东文学堂的创办, 到 1903 年十二月十二日改组扩充为全闽师范学堂, 历时 5 年多。其间共聘请了多少位日文教习, 关于这个问题, 学界也展开了研究。

一为 5 人说。汪向荣先生在《日本教习》一书中也对福州东文学堂日本教习的数量进行了探讨, 他在《日本教习分布表》中提到, 福州东文学堂的日文教习有桑田丰藏、森原道二、中西重太郎。Douglas R.Reynolds（美国学者任达）认为, 在福州东文学堂任教的日本人有 5 名。此外, 据熊月之考证, 1900—1911 年应聘来华的日文教师有 430 名, 其中到福州（东文）学堂任教的日本教师有冈田兼次郎、桑田丰藏、中西重太郎、矢泽千太郎、向后顺一郎等人③。

一为 4 人说。黄庆法在《台湾总督府的"对岸经营"研究——以教育为中心》中也对日本教习有所研究。他认为, 在

---

① 黄庆法:《台湾总督府的"对岸经营"研究——以教育为中心》, 第 64—68 页。

② 黄庆法:《台湾总督府的"对岸经营"研究——以教育为中心》, 第 64—68 页。

③ 顾江萍:《汉语中的日语借词研究》, 上海辞书出版社 2011 年版。

福州东文学堂任教的日本教习应该有 4 名,具体为冈田兼次郎、桑田丰藏、中西重太郎和森原道。《教育大辞典》在介绍福州东文学堂时持有同样观点,认为"(福州东文学堂)聘有日本教习 4 人"①。

5. 福州东文学堂藏书方面

以福州东文学堂藏书为主要研究对象的成果鲜有见到,所见提及或作为研究对象之一的成果有:福建省文史研究馆编写的《福建图书馆事业志》,在介绍三明师范学校图书馆时提到,"所藏原永安师范学校图书馆 1.7 万册图书,为民国时期及其以前的出版物,较为珍贵,例如'福州东文学堂图书印''全闽师范学堂图书印'"等藏书。此书的大事记年表中,在光绪二十四年(1898)条,文曰:"陈宝琛创办福州东文学堂,其图书室藏书有'福州东文学堂图书印',多数为日文图书,后归入全闽师范学堂图书室。"②张根华的《清末福建教育办学中的日文藏书研究》以福州东文学堂、全闽师范学堂所藏的日文藏书为研究对象,对藏书的收藏缘由、管理情况、藏书类型、基本特征与传承历史进行分析与研究,论证藏书的历史文献特色与参考利用价值,并提出保护与利用的合理化途径。文章从多方面对福州东文学堂作了探讨,达到更深一层的认识。这篇论文糅合了两个学堂的藏书,但并未作独立研究。方宝川、方挺等著《福建历代私家藏书》余论部分"福建近代图书馆事业的崛起"也提及福州东文学堂藏书:"光绪二十四年(1898),谪居在家

① 《教育大辞典(10)》,上海教育出版社 1991 年版,第 141—142 页。
② 《福建图书馆事业志》,方志出版社 2006 年版,第 61 页。

的陈宝琛所创办的福州东文学堂,其图书室藏书就有'福州东文学堂图书印'……光绪二十九年十月,陈宝琛把福州东文学堂改办为全闽师范学堂时,就将原福州东文学堂图书室所庋藏的图书,悉数归入全闽师范学堂图书室,其藏书钤有'全闽师范学堂图书印'为记。"①

(二)国外研究情况

经资料查询,国外对福州东文学堂的研究主要集中在日本。这主要是因为支持创办福州东文学堂是日本扩张势力在文化上的一项重要举措,福州东文学堂从创办到开堂讲学、从日文教习的聘请到日方对福州东文学堂的资助,都与日本有着客观的联系。1902 年三月十五日,《教育时论》刊发的《对清教育策》社论就主张在中国各地设立日语学校:"我等首先选定北京、南京、汉口、福州等四个地方设立我国语学校,之后再把天津、牛庄、济南、苏州、杭州、长沙、成都、重庆、厦门和广州等作为预选地。……通过教育输入我国文化,扶植我国势力。"②所以日本国内学术界对福州东文学堂的关注与研究也较多,成果颇丰。

日本学者对于福州东文学堂的研究主要围绕创办者问题展开。关于此问题,日本的学者也持有两种观点:一是福州东文学堂是由中国人自己创办的。细野浩二在《清末中国的东文学堂及其相关问题》中认为,福州东文学堂是福建银元局副

---

① 方宝川等:《福建历代私家藏书》,国家图书馆出版社 2018 年版,第 650 页。
② 〔日〕《对清教育策(其三)》,《教育时论》第 609 号,1902 年 3 月 15 日。

总办力钧首倡,与该局总办孙葆瑨及陈宝琛、陈璧等人共同商议创办的。① 日本《太阳》杂志与此有同样观点。另,日本外务省(负责对外关系事务的最高机关)存有福州东文学堂变更为全闽师范学堂的原始资料,然笔者目力所及,没有搜寻到与之相关的研究成果。

一为福州东文学堂是由日本东亚同文会创办,或为日方倡导创办的。东亚同文会编、胡锡年译的《对华回忆录》认为:"福州东文学社,是东亚同文会福州支部主任中岛真雄于1898年创办的。它原来是该会的附属事业,也是该会在中国举办教育事业最初的试验。"② 持福州东文学堂为日方倡导创办观点的学者,如中村孝志、弘谷多喜夫和上沼八郎,他们认为,东亚会员中岛真雄在获得原南洋大臣陈宝琛的协作下创办东文学堂;甚至认为东亚同文会是近代日本着手台湾籍民"教育事业"的先驱。纵观国内外对此问题的研究,分歧明显。认为福州东文学堂为日方主导,或在日方倡导下创办的多为日本学者,少数为中国学者。

通过上述回顾可知,对福州东文学堂的研究取得了一定的成果,美中不足的是:

(1)大部分成果主要从近代教育学角度进行综合研究,仅有少数成果提及福州东文学堂藏书,但并未对福州东文学堂藏书作专题研究。

(2)在仅有的提及福州东文学堂藏书成果中,多数是几句

---

① 转引自黄庆法:《福州东文学堂述论》,76页。

② 《对华回忆录》,商务印书馆1959年版,第487—488页。

话简单带过,仅有一篇作深层次的研究,即《清末福建教育办学中的日文藏书研究》。该文糅合了福州东文学堂、全闽师范学堂两个学校图书室所收藏的日文藏书。虽然福州东文学堂在 1903 年十二月十二日改组扩充为全闽师范学堂,成为后者的一个部分,福州东文学堂藏书也顺理成章地归入全闽师范学堂,成为其图书室的重要馆藏,但全闽师范学堂在后续的办学中也配备了一些日文藏书供辅助教学用。笔者认为应该独立一个专题分析福州东文学堂藏书。

(3)福州东文学堂藏书在 2015 年被发现存于三明学院图书馆,经整理,才得以进入研究者视野。囿于资料缺失,已有研究鲜有提及学堂藏书情况,且有涉及者均不够深入,只是寥寥几句带过。

四、清末福州东文学堂藏书的研究价值

1. 学术价值

根据上述的学术回顾,依托三明学院馆藏的福州东文学堂藏书,针对学术界目前研究存在的三个不足,结合学堂办学的历史事实展开研究,弥补了福建图书收藏史上福州东文学堂藏书的空缺(在福建省内的藏书机构中,均未发现福州东文学堂藏书)。这项研究的开展,使我们对福州东文学堂的认识更全面、立体、微观,丰富了我们对清末福建教育向近代教育转型的认识,同时也丰富了近代福建图书馆事业的内涵,具有重要的学术价值。

2. 应用价值

对清末福州东文学堂藏书的分析，能使我们对中国近代化进程中"西学东渐"路径做进一步考察，更加直观地展现清末福建教育的真实情况，清晰勾勒出当时地处沿海的福建向西方学习以求自强的迫切感。通过专题研究，为当代教育学习先进科学技术提供思考。

第二章 福州东文学堂藏书的传承

1898 年七月二十一日，福州东文学堂在苍霞精舍的西面开堂办学，其间因经费不足等问题，学堂地点屡易。据《福州东文学堂三年报告汇编》的《历年学舍沿革表》载，福州东文学堂的办学之地曾辗转于"台江泛船浦"（戊戌，1898 年）、"苍霞洲"（戊戌，1898 年）、"南后街文儒坊三官堂天心阁"（己亥，1899 年）、"光禄坊育婴堂后园"（己亥，1899 年）、"乌石山范公祠"（庚子，即 1900 年）、"积翠寺"（庚子，1900 年）数处，但均在福州城内。并未走出福州跨地办学，为何距今百余年历史的福州东文学堂藏书会保存于数百里之外的福建内陆三明；其间，福州东文学堂藏书到底经历了怎样的历史沧桑与变革。由此，福州东文学堂藏书的传承问题便摆在我们的面前。

一、福州东文学堂藏书的发现

福州东文学堂藏书是因被列为第一次全国可移动文物普查对象后才得以发现并得到系统整理的。2012 年，国务院下发《关于开展第一次全国可移动文物普查的通知》，制定了《第一次全国可移动文物普查实施方案》。各省市依照通知精神，对此次普查工作进行部署,如火如荼地开展普查工作。福建省人民政府也发布了《福建省人民政府转发国务院〈关于开展第一次全国可移动文物普查的通知〉》,要求福建各地根据通知要求具体落实。2013年7月31日,三明市发布《三明市人民政府关于印发第一次全国可移动文物普查实施方案的通知》。三明市各县市区按照通知精神,结合三明各地的可移动文物分布情况和特点,制定《三明市第一次全国可移动文物普查工作的实施方案》(简称《实施方案》),组建了一支以文博系统单位为主体的普查团队,并在全市范围内专门组织了第一次可移动文物普查培训,笔者有幸参加了此次培训。三明学院图书馆被列为普查单位之一。

《实施方案》明确了此次普查的范围和内容,包括"1949年(含)以前,历史上各时代珍贵的艺术品、工艺美术品;历史上各时代重要文献资料以及具有历史、艺术、科学价值的手稿和图书资料等;反映历史上各时代、各民族社会制度、社会生产、社会生活的代表性实物"。根据《实施方案》解释,"历史上各时代的图书资料"作为可移动文物普查内容被列入其中。本人因参与了"三明市第一次可移动文物普查"培训,方得知馆藏的线装古籍、日文图书(包含福州东文学堂藏书在内)及民国文献被列为普查对象。培训结束后,我回馆向领导汇报。因三明学院图书馆属高校图书馆,不在文博系统之列,经馆领导与三明市第一次可移动文物普查领导小组汇报,三明学院图书馆在2015年被列为普查单位,编号为3500002053。被确定为普查单位后,三明学院图书馆立即组织特藏组工作人员于同年11月进行文物普查。因普查内容包含了藏品编号(编号类型、编号)、名称、原名、朝代、具体年代、文物类别、质地、实际数量、外形尺寸、具体尺寸、质量、文物级别、文物来源、完残程度、完残状况、保存状态、入藏时间范围、入藏年度、著者、版本、存卷等基本指标,信息量大。所以普查人员对馆藏古籍、日文图书、民国文献逐册逐页翻阅,采集普查指标信息。

随着普查工作的逐步开展,经过整理发现我馆竟然珍藏着距今已有百余年历史的福州东文学堂藏书。因福州东文学堂独立存在的时间很短,它的一系列办学资料也随着学堂的消失而散佚,故而对于赫然映入眼帘的钤有"福州东文学堂图书印"的福州东文学堂藏书,图书馆普查人员不胜欣喜。福州东文学堂藏书这时才得以从尘封已久的书堆中被发现并公之于世。福州东文学堂藏书也因此多了一重身份——可移动文物,从而被列入保护范畴,全国可移动文物普查网站上即可查询到其详细信息。在此之前,在福建省内其他高校和公共图书馆均未发现该学堂的藏书,福州东文学堂藏书的发现弥补了福建藏书史上对于清末福建教育尤其是福州东文学堂办学时期图书室藏书情况书写的空白。

二、福州东文学堂藏书的传承

福州东文学堂创办于1898年,距今已有百余年,虽办学之地辗转多处,但均在福州。为何其藏书最终保存于三明学院图书馆,福州东文学堂藏书的传承问题便摆在笔者面前需要厘清。

（一）福州东文学堂藏书在福州的"兜兜转转"

福州东文学堂独立存在的时间仅5年多,在办学期间,学堂的办学经费日渐拮据,用于购置图书的经费更是相形见绌。但由于学堂监督对图书购置的重视,虽然经费有限,学堂所购置的图书大都为当时日本核心出版社所出版的原版书。"1903年(光绪二十九年),《奏定学堂章程》颁行,福州和各府、州、县的中、小学堂纷纷创办,师资紧缺,福州官绅认为有马上成立师范学堂的必要。当时闽浙总督陈仰祈与在福州的前内阁学士陈宝琛商定,在原东文学堂的基础上,改组扩充为官立全闽师范学堂。"①宣统元年的《福建师范学堂一览》中的《奏陈闽省设立师范学堂先后办理情形折》清晰记录了由福州东文学堂改组为全闽师范学堂的经过。"当与在籍前内阁学士陈宝琛商议,以闽省各属尚未能自设师范学堂,因将省城乌石山旧有绅设之东文学堂改建全闽师范学堂,俾福建全省士人均得入堂肄业。"②随着福州东文学堂改组扩充为全闽师范学堂,学堂原有的160多名生徒都归入新学堂,原福州东文学堂图书室所藏图书也随之并入全闽师范学堂。现存于三明学院图书馆"闽师之源"文献室的福州东文学堂藏书均钤印"福州东文学堂图书印""全闽师范学堂图书印"两枚印章,且部分福州东文学堂藏书的书脊贴有"东文寄存"字样的标签。

随着学堂的改组扩充,福州东文学堂的藏书随之也成为全

---

① 檀仁梅等:《福建师范教育史》,福建教育出版社1990年版,第5页。
② 《奏陈闽省设立师范学堂先后办理情形折》,载《福建师范学堂一览》,福建省图书馆藏,宣统元年版,第9—10页。

图1 钤印"福州东文学堂图书印" "全闽师范学堂图书印"的《农用器具学》书影

图2 钤印"福州东文学堂图书印" "全闽师范学堂图书印"的《实验普通教授学（全）》书影

图3 "东文寄存"标签

闽师范学堂图书室的重要馆藏。虽全闽师范学堂也有补充购置新的日文图书(藏书扉页中仅钤印"全闽师范学堂图书印"的日文图书即为全闽师范学堂新购图书,而非福州东文学堂旧藏),但福州东文学堂藏书依然发挥了重要的文献资源保障功能。成为全闽师范学堂图书室藏书一部分的福州东文学堂藏书,随着学堂的改名再次归入新的学堂,开始了其漫漫的传承之路。

据《福建师范教育史》及《闽师之源:"全闽师范—福建师范—永安师范—三明师范"校史资料专辑》载,1906年六月,全闽师范学堂改为"福建师范学堂"。1907年二月,福建师范学堂增设优级师范选科,校名改为"福建优级师范学堂"。学堂分设初级师范科、优级师范科两部分。学堂延续了全闽师范学堂的初级师范科。1912年3月,福建实行教育改制,改"学堂"为"学校"、"监督"为"校长","福建优级师范学堂"改名为"福建师范学校"。1913年4月,"福建师范学校"易名为"福建高等师范学校"。学校设中师和高师两部分。1914年8月,"高师"停止招生,校名改为"福建省立第一师范学校"。1927年3月,福建省教育厅命令福建省立第一师范学校、省立福州女子师范学校、省立第一中学等七校合并于福州乌石山,定其校名为"福建省立第一高级中学"。1929年1月,福建省立第一高级中学改名为"福建省立福州高级中学"。1931年8月,福建省立福州高级中学分设师范科和普通科、女子职业师范科、商科,后专办三年制师范科,校名易为"福建省立福州师范学校"。1936年,省立福州师范、莆田师范、龙溪师范和福州乡师、建瓯乡师合并为"福建省立师范学校",简称"闽师"。福州东文学堂所藏图书也随着学校数次更名、分合而传承。

这段史实在福建省立师范学校历届毕业纪念册中得到了印证。三明市档案馆藏的档号为94-3-20-1的1950年永安师范学校毕业纪念册《本校史略》载:

> 本校之前身为福州师范,创办于前清光绪二十九年。创办人为陈宝琛先生,由政府委为监督。校址原在省垣乌石山,初名全闽师范学堂,分设完全科及简易科,又附设附属中小学。时科举初废,举贡生监,争先恐后,咸来就学。未几复增设优级师范,培育中等教育师资,生数之多,毋虑千余。迨先生北上,监督一席乃由潘炳年先生继任。凡完全毕业成绩优良者,皆由政府资送出洋留学,回国以后,多握教育之津要。民国初元,政府改委林元乔先生任校长,校名亦改称为福建高等师范,旋又改称福建师范学校。越十四年,陈鼎亨、吴则范、林炯诸先生递长本校,校名亦数易,初称福建省立第一师范,继又改为福建省立第一高级中学、福建省立福州师范学校,中以吴校长任期最长,对本校之贡献亦多。至民国二十五年,又合并莆田、龙溪、建瓯诸师范,冶于一炉,由前教育部督学姜伯韩先生任校长,校名又改为福建省立师范学校。

(二)福州东文学堂藏书走出福州,内迁永安

1936年,诸师范合并,改名为福建省立师范学校。1937年,

侵华战争的战火烧向闽海，福州未能幸免。"政府为保全校产、师生计，遂令内迁兹土"，为了躲避战火，继续办学，接到省政府内迁指令后，福建省立师范学校先行内迁永安。据永安市博物馆印行的《中国东南抗战文化的一面旗帜——永安抗战文化陈列馆》宣传册介绍，1938 年 5 月 18 日，陆续内迁永安的省政府机构达 72 个，分布于永安城内各处。在内迁大部队出发之前，福建省立师范学校先行内迁。据福建省档案馆藏档案资料看，"（福建省立师范学校）为签呈事：奉钧府训令，以兹为策安全计，令省立师范学校迁移永安。等因奉此，琦自应遵照办理，业于本月二十六日开始迁移，预计下月五日左右可以迁移完竣"[①]。也就是说，福建省立师范学校是在时任校长姜琦时从省城福州迁往永安的，内迁具体时间为 1938 年 1 月 26 日开始迁移，2 月 5 日左右迁移完成。根据省政府的训令要求，福建省立师范学校内迁并不是所有校产都作一次迁完，"惟此次迁移，因船只车辆之缺乏，故本校所有财产，仅能择要先行搬运，其余大部分仍暂藏贮乌石山校舍，派员常驻保管"[②]。那么包括福州东文学堂在内的福建省立师范学校图书馆藏书是否被列为重要校产先行搬运了呢？

　　1938 年 1 月，福建省立师范学校在当局指示下先行内迁永安。该校图书馆所有的古籍文献、图书、报刊都被捆扎好，

　　① 《关于请准赐令处理乌山师范学校校舍及器具给福建省政府的呈》，福建省档案馆藏，档号：00001-001-000636-0004。
　　② 《关于请准赐令处理乌山师范学校校舍及器具给福建省政府的呈》，福建省档案馆藏，档号：00001-001-000636-0004。

运送到汽船上。赖华编在《忆永师》中提到福建省立师范学校内迁永安所搬运的校产情况，"从福州运来的校具，有课桌椅千张，图书数万册，钢琴三大架，风琴六十多架，显微镜数十架，动植物及矿物石等标本数百种，理化实验仪器无数。特别还有稀少贵重的白金杯、珊瑚树、钻石玛瑙等为数众多的设备"①。学校进驻永安文庙。裴耀松在《永师六十周年校庆回忆》载，"（永安师范学校）学校图书馆保存大量的照片、图片和抗战时期全国各地出版的杂志，大部分图书是从福州乌石山原福建省立师范学校图书馆迁来的"②。那么，也就是说，福建省立师范学校图书馆藏书也在内迁永安的校产之列，并且数量达数万册。福州东文学堂藏书作为省立师范学校校产——图书馆藏书的一部分，随之走出福州，来到永安，学校驻地永安文庙。据福建省档案馆藏《福建省立师范学校二十八年度变更事项简表》载，"本年五月九日，因永安县城遭敌机炸毁，翌迁移□永安县城廿三里之大湖乡，利用祠堂庙宇十五座易为学生宿舍、图书馆、科学馆"③。也就是说，在福建省立师范学校内迁永安后的第二年，即1939年5月9日，因学校所在地永安文庙遭日本敌机轰炸，包括福州东文学堂藏书在内的图书次日即迁往大湖，并借当地的庆元公祠作为图书馆。这段传承历史在《福建省志·教育志》中得到印证："抗日战争时期，（福建省立师

①《永安文史资料（第2辑）》，1983年，第58页。
②《永安文史资料（第20辑）》，2001年，第131页。
③《福建省立师范学校二十八年度变更事项简表》，档号：0002-003132-0086。

范学校）全校师生随同文书档案、图书仪器等，迁临时省会永安文庙及大湖办学。"①

　　1941年春，福州失陷，原福建省立师范学校乌石山校舍被日军夷为平地。1942年4—6月，本省分地区设立师范学校，"福建省立师范学校"改名为"福建省立永安师范学校"。原福建省立师范学校校产——图书馆藏书随之归入。1945年8月，随着抗战胜利，为躲避战争而内迁的学校陆续迁回原址办学。为了解决闽西北教育落后的问题，福建省立永安师范学校继续留在永安办学。如此一来，福州东文学堂藏书才得以留在永安。据永安市档案馆藏的福建省立永安师范学校档案记载，"查本校业于卅五年元月四日奉令迁入永安城区文庙内办公……本校公文以及员生信件、银钱、汇票请自即日起径送文庙本校"②。也就是说，1946年1月4日，含福州东文学堂藏书在内的福建省立永安师范学校图书馆藏书从永安大湖再迁永安城内的文庙（《闽师之源》的"三明师范学校的历史沿革"载，"1946年2月，学校从大湖迁回城关文庙"，与前述不符，当有误）。1950年1月，永安解放。永安县人民政府开始接管学校，接管工作于7月结束，福建省立永安师范学校为此举行接管典礼，1950年7月13日留下了"福建省立永安师范学校庆祝接管开校摄影纪念"珍贵照片。之后，福建省立永安师范学校改名为"永安师范学校"。同年8月31日，福建省人民政府任命林志群（永安专署专员）兼任永安师范学校校长。由

①　《福建省志·教育志》，方志出版社1998年版，第555页。
②　《函知本校迁址办公由》，永安市档案馆藏，档号：83-10-157。

图4　福建省立永安师范学校庆祝接管开校摄影纪念（1950.7.13）

此，福州东文学堂藏书也随之归入永安师范学校图书馆。

（三）包括福州东文学堂藏书在内的永安师范学校图书馆藏书的"新旧交换"

1959年1月，永安师范学校制定实施《永安师范教学改革初步计划》。1960年4月，学校成立政治、教务、总务三处，撤销原校务办公室。1962年8月，永安师范学校根据"调整、巩固、充实、提高"的方针，对教职人员进行精简，共精简21人。9月，幼师和初师停止招生。面对学校办学规模和人员的精简及学校的中等师范学校的办学定位，含福州东文学堂藏书在内的永安师范学校图书馆的古籍和外文书籍经历了未果的"新旧交换"。

据三明市档案馆藏福建省永安师范学校关于《请示并请协助本校处理新旧图书问题》档案记载：1963年3月12日，福建省永安师范学校向福建省教育厅提交了《请示并请协助本校处理新旧图书问题》的报告[①]。报告内容如下：

事由：请示并请协助本校处理新旧图书问题

主送：福建省教育厅　　　　〔63〕字第 005 号

抄送：三明市教育局

我校建校历史较长，图书室藏书达数万册，特别是古籍收藏较多。解放以后，曾经数次整理，剔除了一些毒害明显的反动书籍。现有旧书中存大批线装古籍。我们考虑：一方面，这些书籍（如日文、英文科技书籍，十三经，廿四史，历代文选等线装书）作为中等师范藏书，对教学参考和学生阅读，不很适合，且多年不用，管理困难，而易蛀坏，若在高等学校或大型图书馆，却是难得的"古物"，对研究文史科学，有很大参考价值；另一方面，师生教学所需阅读和参考的书籍，又因经费困难，长期得不到添购。这是一个矛盾。我们考虑如下的处理办法：

1. 请教育厅派人来校了解、协商，将本校所藏古书调给省属文教单位，另拨一笔图书购置费给本校购置适用的新书。

2. 请教育厅代与有关单位联系，派人来接洽，商定新旧书籍交换办法，在"自愿互利、新旧交换"原则下，协商处理。

---

① 《请示并请协助本校处理新旧图书问题》，三明市档案馆藏，档号：0094-006-0052-0031。

以上处理藏书办法是否妥当，请即指示，并予协助。

福建省永安师范学校

一九六三年三月十二日

这份报告说明三个问题：一是福州东文学堂的日文藏书作为馆藏图书存于福建省永安师范学校图书室内。二是包括福州东文学堂藏书、线装古籍在内的"旧书"，校方认为不是很适合中等师范学校教学参考和学生阅读，且多年不用，管理困难，加之学校购书经费有限，故而被列为"自愿互利、新旧交换"的对象。三是这批藏书的数量远不止这"数万册"，其藏书总量应更多。报告中提到，这批藏书在新中国成立以后，经历了数次整理，剔除了当时被认为是有明显毒害思想的反动书籍。永安师范学校现存的"数万册"图书应为经过整理剔除后的数量。福建省永安师范学校将此份报告提交福建省教育厅之后，经研究，教育厅于同年8月5日发专函给福建省第二师范学校，提出相关旧书的处理意见[①]。文件如下：

福建省第二师范学院：

接永安师范学校〔63〕字第005号关于《请示并请协助本校处理新旧图书问题》的报告。略称该校存有不少线装古本书籍及外文书籍可供调给高等学院使用。经我

---

① 《永安师范学校欲处理的旧书问题专函》，三明市档案馆藏，档号：0094-006-0052-0033。

厅研究，拟请你院考虑，如有需要可派人直接到永安师范学校接洽，并商定移交手续。列册上报我厅正式批准后，进行调剂使用。

抄送：永安师范学校

　　　三明专署教育局

1963 年 8 月 5 日

函字第 638-8 号

　　根据福建省教育厅给福建省第二师范学院的函可以得知，若第二师范学校有需要，省教育厅拟将永安师范学校的古籍和外文书籍交予位于漳州蝴蝶山的福建省第二师范学校使用，并由福建省第二师范学院派员至永安师范学校接洽，商定移交手续。8 月 25 日，福建省第二师范学校也致函永安师范学校，表示愿意接收该批古籍与外文图书，并将派中文系教师前往接洽[①]。其文如下：

永安师范学校：

　　　前奉省教育厅批示，我院即派中文系教师至你校阅览各类图书，并抄回书目。经我院领导研究，认为你校所存线装古本书籍及外文书籍，完全适合我院教学需要。现因开学在即，工作比较繁忙，拟在开学后一两星期内再派员去你校清点，并商定移交手续，然后列册上

---

① 三明市档案馆藏，档号：0094-006-0052-0033。

报教育厅，进行调剂。特此函达，上述两类图书，希全部保留为荷。

  此致

敬礼！

福建省第二师范学院

1963 年 8 月 25 日

  那么，根据福建省第二师范学院致永安师范学校的函，应该说关于与永安师范学校的线装古籍（含福州东文学堂藏书在内的外文书籍）"新旧交换"之事已经基本确定，只待时间一到接收移交即可。然而，事实上，福建省第二师范学院并没有真正接收这批永安师范学校的藏书。那究竟是何原因导致此次"新旧交换"失败呢？

  1963 年 8 月 31 日，也就是在福建第二师范学院专函发到永安师范学校后的一星期，永安师范学校再次向福建省教育厅发去函件，说明古籍交换过程中出现的新的情况①。函文如下：

福建省教育厅：   〔63〕教字第 34 号

  关于处理我校线装古书籍以充实新书设备，发挥古籍作用问题，上学期呈报请介绍有关单位来校联系交换事宜。顷据省第二师院教员持介函来校了解后复信谓，所有

---

  ① 三明市档案馆藏，档号：0094-006-0052-0033。

线装古籍完全符合该校教学需要，即将报请省厅指示办理移接手续，云云。后据永安县图书馆派员来校称，该馆为加强本县文史科学研究，正积极收藏各种有参考价值的古书，以价值相当的新书与本校调换（书目由学校自选采购）。永安县图书馆用新旧对换办法，扩大藏书，与我校处理线装古籍之义相符，现双方正进一步协商等价对换中的具体问题。但我们又考虑，从发挥古籍作用方面看，该书馆藏于高等学校，对科学研究价值更大。另据第二师院复函，似有"无价调拨"之意，与我校新旧调换的办法矛盾。新书奇缺，需要大大补充。新书又因学校规模较小，图书设备费有限，不能逐年增购，对提高教学质量大为不利。

为此，我们对我校线装古籍，提出以下处理意见：

1. 与永安县图书馆联系对换；

2. 与福建第二师院新旧等价对换；

3. 由省厅将我校古籍调拨给第二师院，另请省厅拨给我校一笔图书购置费，以充实新书。

以上意见均从充实本校设备之利提高师范教学出发，是否妥当，应采用何种处理办法，请批示建议。

此致
敬礼

永安师范学校
1963 年 8 月 31 日

由函文内容可知，导致古籍及外文图书"新旧交换"出现变故的原因,主要有两方面。一是福建第二师范学院的"无价调拨"之意与永安师范学校的新旧图书调换的办法矛盾。一是永安县图书馆愿以新旧对换的办法,扩大馆藏,与永安师范学校的处理古籍与外文图书之初衷一致。故而,永安师范学校才提出三种新的处理意见。据档案搜集情况来看,并未发现福建省教育厅对永安师范学校再次去函的批复意见。那么这批藏书是否真正"新旧交换"了?根据笔者搜集的一份福建省教育厅给永安师范学校的函件,便可详知[①]。具体如下:

永安师范学校:

据福建第二师院〔63〕图汪字第044号来函反映,该院派人去你校办理移接线装古书手续时,在工作上遇到一些困难,你校教导主任不太愿意将二师院所需要的线装古书全部拨交。

为了更好地发挥你校积存古书的作用,请你校仍应按我厅〔63〕教计省字第02093号函通知规定办理,即:凡是第二师院所需要的古书,均应全部无代价拨给该校使用。并希加强协作,把移交工作办得更好,如有困难,请随时和我厅联系。

福建省教育厅

1963 年 11 月 2 日 〔63〕函字第 6311-1 号

---

① 三明市档案馆藏,档号:0094-006-0052-0032。

据该函的内容可知,福建第二师范学院在开学后的一两周派员去永安师范学校办理古书接收事宜。该批藏书的"新旧交换"遇到阻力,并未真正实施,并且福建第二师范学院将此情况发函(福建第二师院〔63〕图汪字第044号)给福建省教育厅。故而福建省教育厅在接到福建第二师范学院的函后,再发函给永安师范学校。福建省教育厅在函文里明确要求永安师范学校"全部无代价拨给该校使用",但是在档案部分并未发现移交的记录和清册。如此看来,包含福州东文学堂藏书在内的原永安师范学校藏的古书当未真的进行"新旧交换"。在1963年经历了"新旧交换"未果的福州东文学堂藏书得以继续保存于福建永安师范学校,为学校师生参考查阅使用。1969年8月25日,永安师范学校停办。针对停办后的永安师范学校的校产问题,永安县革委会专门出台了一份处理意见。根据三明市档案馆藏《关于永安师范校舍、财产、人员处理的意见》,"该校(永安师范学校)停办后,财产和人员由永安县革委会统一调整使用。该校舍暂借××部队使用"①。含福州东文学堂藏书在内的永安师范学校图书馆藏书在学校停办后,归永安县革委会统一调整使用。

(四)福州东文学堂藏书来到并最终落户三明

1971年9月2日,三明地区革命委员会政治处发布明地革政〔71〕第89号文件《关于三明地区中等师范学校基建计划报告》。报告阐述了当时三明地区的教育情况,并提出三明地区

---

① 《关于永安师范校舍、财产、人员处理的意见》,三明市档案馆藏,档号:119-19-34-10。

中等师范学校基建的计划报告。以下是基建报告部分内容[①]：

一、校址：在三明市区。

二、规模：学生 1500 人（其中师范 24 个班级共计 1200 人，中教短训每期 6 个班级共 300 人），教职员工 120 人。

这份基建报告明确了三明地区中等师范学校的办学校址和规模。为了积极筹备中等师范学校的创办，1971 年 10 月 29 日，福建省三明地区革命委员会发布地革〔1971〕211 号文件《关于原永安师范学校房产问题的报告》，专文对原永安师范学校房产问题作了报告。报告内容如下：

遵照伟大领袖毛主席"教改的问题，主要是教员问题"的教导，当前教育战线上的一个重要任务，就是如何用毛泽东思想培养和训练中、小学教师队伍。但我区现有教师队伍无论从数量和质量上看，都远不能适应教育革命的需要。在无产阶级文化大革命前，我区永安师范学校每年毕业一二百人，充实全区（原五县一市）小学教师队伍，仍然不足。因此，造成我区教师中的百分之七十至八十长期依靠福州师范、厦门师范、泉州师范及龙岩师范等外区学校支援的被动局面。经过无产阶级文化大革命，毛主席"教育要革命"的伟大思想已经在全党各级领导和广大人民

---

① 《关于三明地区中等师范学校基建计划报告》，三明市档案馆藏，档号：119-21-109-21。

的心坎里生根。崭新的无产阶级教育制度通过各种试验，正在逐步建立和巩固起来，教育事业空前发展，学生成倍增加，对教师的需要量也就更大。但现在永安师范学校已被省轴承厂(即龙溪分厂)所占用。

因此我区目前培训中学教师和明年师范学校招生均无场所、设备和人员。"遵照毛主席亲自批示同意的中共中央〔1971〕44号文件中关于争取在第四个五年计划期间，农村普及小学五年教育，有条件的地区普及七年教育"和"中等专业学校和技工学校是我国普及科学技术、文化教育的一支重要力量，必须认真办好"，以及省委首长在今年九月省工作会议、省教育会议上指示"占用学校要退还或退赔"的精神，对于原永安师范学校房产问题的处理特报告如下：

一、请求省革委会将原永安师范学校房产归还我区复办中等师范之用。

二、如果省里认为该校舍已改建省轴承厂，不能归还，我们请求省革委会按原永安师范学校房产建造面积7800m^2，土地面积35000m^2，造价四十万元批拨基建经费和三材，以资新建一所师范学校。

以上请示当否请批示。

福建省三明地区革命委员会

1971年10月29日

此报告是针对原永安师范学校的房产，包含福州东文学

堂藏书在内的原永安师范学校图书馆藏书虽未在此次报告范
围之内，但是报告说明了因永安师范学校的停办，三明全区的
教师供应不足，很大部分需要依靠沿海的福州、厦门、泉州及
龙岩师范支援的事实。而且永安师范学校原来校址已被改建
成省轴承厂，不能归还，故而请求省革委会将原永安师范学校
房产归还，用于复办中等师范。三明地区将新办一所中等师
范学校。1971 年 11 月 15 日，福建省革命委员会制定下发《关
于筹办中等师范学校的通知》，明确了全省各地市新办的中等
师范学校的校舍、设备和师资来源。"校舍暂不新建。原有师
范校舍还在的，仍用原有师范校舍；原师范校舍已被占用的，
应尽可能收回，或由各地（市）另行调整房子；一时无法调整
的，可选择一所普通中学设师范班，以后逐步改为师范学校。
原师范学校的专用设备，原则上应一律调回使用。零星修缮
费和必要的教学器材的添置费用，由各地教育经费中调剂解
决"①。各地遵照该《通知》精神纷纷准备复办学校事宜，三明
地区也在积极准备。文件下发后，三明地区革命委员会遵照
通知精神，由吴进灼具体负责筹备复办事宜。因永师的校园
已被省轴承厂（即龙溪分厂）占用，无法恢复原貌，只能另外在
三明市区麒麟山东侧的狮子坑选址进行校园重建工作。据三
明市档案馆藏《福建三明地区师范学校简介》介绍，福建省三
明地区师范学校于 1972 年春筹建，校名改为"福建省三明地
区师范学校"。

---

① 《关于筹办中等师范学校的通知》，三明市档案馆藏，档号：0119-021-
0109-0013。

因永安师范学校校址已作他用,新办的福建三明地区师范学校只能重新建设校园。教职工都是边建设,边教学。《福建三明地区师范学校简介》还介绍了学校初创期面临的各种困难:"为了适应新的形势,我们要做的工作还很多。特别是因为我们是一所还在继续兴建中的新办学校,教师大部分也是新手,教学经验还不够,图书、仪器、设备还很不足。"[1]为了解决这些问题,三明地区革命委员会在同年 5 月 6 日发了一个通知,专门解决福建三明地区师范学校面临的困难。这份文件即为《关于调动、收回原永安师范人员和财产问题的通知》,现藏于三明市档案馆。通知明确指出,"原永安师范学校的财产(指动产),收归地区新办的师范学校使用"[2]。以下为通知全文:

福建省三明地区革命委员会通知

地革〔1972〕综 114 号

关于调动、收回原永安师范人员和财产问题的通知

永安县革委会:

根据省革委会政治部、生产指挥部闽革政〔1971〕159号、闽革产〔1971〕445 号《关于筹办中等师范学校的通知》文件精神,现对原永安师范学校的人员、财产等问题的处理通知如下:

---

① 《福建三明地区师范学校简介》,三明市档案馆藏,档号不详。

② 《关于调动、收回原永安师范人员和财产问题的通知》,三明市档案馆藏,档号:119-22-42-1。

1. 原永安师范学校的领导干部、教职员工,原则上调到地区新办师范学校任职、任教。

2. 原永安师范学校的财产(指动产),收归地区新办的师范学校使用。

3. 有关上述人员的调动和财产收回的具体工作,由地区革委会政治处教育组派人到你县具体接洽。

以上通知,请研究执行。

三明地区革委会

1972 年 5 月 6 日

这份文件明确了新办的福建三明地区师范学校的人员、财产来源,即为原永安师范学校教职员工和财产(动产)。那么原永安师范学校的财产(动产)则包括了仪器、设备、图书馆藏书等可移动的校产。包括福州东文学堂藏书在内的原永安师范学校图书馆的藏书也随着这份文件精神的贯彻执行,随之归入福建省三明地区师范学校,从永安来到三明。

福建省三明地区师范学校经历数度办学后又改名为"福建省三明师范学校"。2000 年,据教育部《关于同意三明师范高等专科学校、三明职业大学、三明市教师进修学院和三明师范学校合并组建三明高等专科学校的通知》,上述四所学校合并组建为三明高等专科学校。2004 年 5 月 18 日,教育部下发《关于同意三明高等专科学校改建为三明学院的通知》。2004 年 5 月 27 日,福建省人民政府办公厅转发教育部关于同意三明高等专科学校改建为三明学院的通知。由此,三明高等专科学校改建为三明学院,撤销三明高等专科学校的建制,原有人员和校产转入三明学院。至此,原福州东文学堂藏书随着福建三明地区师范学校—三明师范学校—三明高等专科学校—三明学院,一路辗转传承,并最终保存于三明学院图书馆。

第三章　福州东文学堂藏书概况

自 1840 年鸦片战争以来，清朝国门洞开，西方科学技术冲击着中国传统文化，这其中也包括鼎盛于清朝的藏书楼，中国图书馆近代化的序幕也随之拉开。甲午中日战争后，全国各地兴起了学习研究日本的热潮。这股热潮的兴起使国内有识之士认识到学习日语的重要性，一大批学习日文的学校应运而生。据不完全统计，1905 年，全国设立的日文学校有 30 余所，如上海广方言馆（1863 年设立）、广州广方言馆（1864 年设立）、东文馆（1897 年由同文馆设立）、自强学堂（1893 年设立）、云南方言学堂（1904 年设立）等。光绪戊戌（1898）七月二十一日暂开讲舍于福州苍霞精舍西侧的福州东文学堂便是其中一所。福州东文学堂是由力钧、陈宝琛等福州当地的有识之士创办，学堂主要教习日语，同时还开设其他较简易、浅显的课程。为了满足日常教学及当时学习西方科学知识的需要，学堂配备了相应的图书，书中钤印木刻朱文方印"福州东文学堂图书印"（5.2cm × 5.2cm）（图 1）。随着学堂改组扩充为全闽师范学堂，其所收藏图书随之并入全闽师范学堂图书馆，并历经辗转波折，最终保存于三明学院图书馆。

因福州东文学堂为私立
日语学校，并非官办，经费来
源不稳定，所以学堂一度面
临办学经费不足的问题。在
此情况下，学堂为了保证东
文、汉文正常教学的需要，从
拮据的经费中挤出一部分购
买图书，也通过接收捐借或
捐赠藏书的方式充实藏书。

图 1　福州东文学堂图书印

本章拟从来源、数量、特点三个方面介绍福州东文学堂藏书的
概况。

一、福州东文学堂藏书的来源

因福州东文学堂创办于清末戊戌变法期间，且办学经费拮
据，学堂在办学 5 年多之后改组扩充为官办的全闽师范学堂，
1903 年十二月十二日全闽师范学堂正式开堂办学。因年代久
远，经历了历史洗礼，留下办学方面的档案、史料很少，仅有福
建师范大学图书馆古籍部藏的《福州东文学堂三年报告汇编》
为当时办学的一手材料。经资料搜索，笔者发现在福建省档案
馆编的《中国抗日战争全景录(闽台卷)》附有《福州东文学堂
章程》书衣书影及卷内正文书影各一张。然而经过多方查询与
搜索，均没有找到《福州东文学堂章程》的原始文献，此份资料
专门介绍学堂的创办等情况，没有搜集到实属遗憾。笔者翻遍
《福州东文学堂三年报告汇编》，都没有专篇介绍福州东文学

堂藏书来源情况，只在相关篇目中偶有提及。如《借书约章六条》载："本学堂经费未充，未能购置书籍。兹由各绅董择要捐借，以备观览。阅者务须小心，切勿墨污、破损、遗失，违者赔偿。"[①] 由此说明，藏书的来源主要有两种：一为学堂"购置"；一为学堂绅董"捐借"。

1. 学堂购置

学堂购置的费用一部分从办学经费中支出。要弄清楚学堂购置费用，则必须梳理清楚学堂的办学经费情况。实际上，自 1898 年七月二十一日在苍霞精舍之西开堂办学以来，经费不足的问题始终困扰着福州东文学堂。据《福州东文学堂三年报告汇编》的《三年入款征信表》（即 1898—1900）和支出情况来看，学堂经营处于入不敷出的亏空状态。那么，究竟福州东文学堂具体的经费情况如何？笔者结合《福州东文学堂三年报告汇编》的《三年入款征信表》《三年出款征信表》《三年出入款比较表》《三年出款比较表》《三年出入总核赢绌表》进行综合探讨。

据"三年入款征信表"，1898—1900 三年间福州东文学堂年度总收入分别为 1762.233 圆、2091.024 圆、2906.526 圆，三年收入总计 6759.783 圆。收入款项主要包括束脩（即学费）、伙食费、杂费、官绅捐款和日本捐款。详见表 1《1898—1900 福州东文学堂三年收入统计表》[②]。

---

① 王孝绳：《福州东文学堂三年报告汇编·借书约章六条》，第 50 页。
② 王孝绳：《福州东文学堂三年报告汇编·三年入款征信表》，第 118—119 页。

表 1　1898—1900 福州东文学堂三年收入统计表

单位：圆

年度	月	束脩	伙食费	杂费	官绅捐款	日本捐款	月份总额	年度合计
戊戌（1898）	7	370.000	9.600	3.830	220.000		603.430	1762.233
	8	20.000	55.024	9.407	100.000	16.080	200.511	
	9		7.200			53.186	60.386	
	10	40.000	102.600	1.217	142.800		286.617	
	11		36.000	0.741	231.600		268.341	
	12	48.000	57.600	4.998	205.600	26.750	342.948	
己亥（1899）	1	40.000		16.000			56.000	2091.024
	2	26.100	33.600	10.368		26.750	96.818	
	3	26.100	41.760	2.100		10.850	80.810	
	4	31.900	38.450	2.050		32.100	104.500	
	5	4.462	11.400	2.891	70.000	64.000	152.753	
	6	14.500	4.800	2.498	70.000	207.090	298.888	
	7				70.000		70.000	
	8	14.500	5.800		50.000	26.500	96.800	
	9		2.378		40.000	240.444	282.822	
	10	11.600	9.600		40.000	21.157	82.357	

（续表）

年度	月	束脩	伙食费	杂费	官绅捐款	日本捐款	月份总额	年度合计
己亥（1899）	11	14.500	28.800		40.000	47.760	131.060	2091.024
	12	164.890	109.160	4.366	40.000	319.800	638.216	
庚子（1900）	1	17.400	4.800	0.216	30.000	2128.000	265.216	2906.526
	2	25.110	0.200		311.800	15.990	353.100	
	3	22.220	5.760		80.000	58.540	166.520	
	4	73.870	22.400		54.000	159.500	309.770	
	5	43.600	22.400		60.000	12.990	247.990	
	6	20.000	43.680		26.000		89.680	
	7		3.200		20.000		23.200	
	8		16.400		10.000	95.000	121.400	
	闰8		1.000		10.000		11.000	
	9	59.010	39.080	0.594	10.000		108.684	
	10	60.000	24.718		596.343	169.527	850.588	
	11	4.500	12.000		30.000		46.500	
	12	70.254	36.420	1.584	130.000	74.620	312.878	

注：台伏，是1906年福州发行的一种纸币，台伏每圆等于清朝制钱1000文。

从表 1 的统计数据来看,1898—1900 期间福州东文学堂的收入总额逐年增加。这是否意味着经费困难得到缓解了呢? 并非如此,结合表 2《1898—1900 福州东文学堂三年支出统计表》便可一目了然[①]。

---

① 王孝绳:《福州东文学堂三年报告汇编·三年出款征信表》,第 124—128 页。

表2 1898—1900福州东文学堂三年支出统计表

单位：圆

年度	月	开办	添置	束修	工资	伙食	屋租	杂用	应酬	出洋经费	月计总额	年度合计
戊戌（1898）	春夏两季	72.644	47.213		1.000		157.990	2.622			281.469	1859.914
	7	131.259	111.145	106.600		32.520	3.600	5.413	2.544		415.281	
	8	19.500	48.156	103.600	48.000	90.820		16.808	3.206		286.790	
	9	75.854	22.864	30.000	48.000	89.090		7.992			230.600	
	10	7.505	24.028	83.300	12.600	74.680	36.000	13.451			251.364	
	11	19.006	4.550	83.300	4.800	90.680		9.666			207.452	
	12	4.324		83.300	78.000	80.076		6.908			186.968	
己亥（1899）	1	2.042	6.311	87.500	4.800	18.763	12.000	5.181	8.528		154.125	2639.349
	2	43.922	39.398	87.300	5.330	72.366	12.000	12.251			272.567	
	3	15.910	19.730	87.300	5.330	83.280	12.500	6.479	5.070		235.599	
	4	23.636	2.133	87.200	5.330	79.172	12.500	11.480	35.997		257.448	
	5	12.152		87.200	5.330	78.280	12.500	6.576	17.166		219.204	
	6	4.220		87.300	5.330	50.700	12.500	2.016	4.862		166.928	
	7	1.060		87.300	5.330	20.620	12.500	4.165	4.067		135.042	
	8	14.330		87.200	5.330	46.150	12.500	10.688	33.811		210.009	
	9	53.200		216.846	5.330	74.280	12.500	7.602	4.175		373.933	

（续表）

年度	月	开办	添置	束脩	工资	伙食	屋租	杂用	应酬	出洋经费	月计总额	年度合计
己亥（1899）	10		17.024	129.980	5.330	81.154	0.500	9.146			243.134	2639.349
	11		6.384	129.640	6.636	75.170	0.500	4.805	3.267		230.702	
	12	3.740	1.373	14.000	4.130	56.270	0.500	11.916	8.854		39.975	
庚子（1900）	1		2.400	138.280		32.560	12.000	10.755	14.598		210.693	2682.697
	2	77.108		16.200	7.600	40.560		30.791	20.820	26.600	219.679	
	3	50.000		65.640	8.200	70.520		20.721	7.734		222.815	
	4	243.375	20.208	23.000	8.600	79.980		17.747	10.022	93.200	496.132	
	5	227.892	4.028	80.389	8.600	85.200	10.000	22.510	5.580		444.199	
	6			12.000	8.600	78.270		12.981	7.956		119.897	
	7			12.000	6.200	7.800		1.340			27.340	
	8	30.000		44.000	6.200	9.800	10.000	1.806			101.806	
	闰8	2.000		4.000	6.200	19.393		11.437			43.030	
	9			4.000	8.600	69.716		15.834	3.150		101.300	
	10	50.708	2.369	162.713	8.600	71.350		19.967	18.643		334.350	
	11			44.000	9.040	53.220		13.226	18.122		137.608	
	12	29.980		108.000	14.800	31.220	10.000	19.139	10.799		223.938	

从表 2 数据可知,1898—1900 年期间,每年的支出总额也在不断增加。这与学堂办学规模的扩大不无关系。综合三年收入和支出情况,就可以知道福州东文学堂在 1898—1900 期间整体经费盈亏状态。笔者根据《三年出入总额赢绌表》整理出表 3《1898—1900 年福州东文学堂盈亏情况表》[①]。

表 3　1898—1900 年福州东文学堂盈亏情况表
单位:圆

项目 年度	总收入	总支出	盈亏状态	盈亏数额
1898(戊戌)	1762.233	1908.564	亏	146.331
1899(己亥)	2091.024	2702.949	亏	611.925
1900(庚子)	2906.526	2744.061	盈	162.465
三年总计	6759.783	7355.574	亏	595.791

根据表 3,1898—1900 年期间福州东文学堂的经费状况一目了然。据表可知,三年期间仅 1900 年为盈利状态,但是盈利总额也仅有 162.465 圆,总体还是亏的,缺口总额达 595.791 圆。这与《福州东文学堂三年报告汇编·己亥四月筹办续议十二条》记载相吻合,"学堂开办以来,渐著成效,惟经费不敷甚巨。由经理人随时设法挪垫"[②]。对福州东文学堂办学经费的研究较深入者黄庆法先生通过研究也得出相同的结论。黄庆法的《台湾总督府的"对岸经营"研究——以教育为中心》中的

---

① 王孝绳:《福州东文学堂三年报告汇编·三年出入总额赢绌表》,第 134 页。
② 王孝绳:《福州东文学堂三年报告汇编·己亥四月筹办续议十二条》,第 62 页。

第三章《福州东文学堂与"对岸经营"》中，也对福州东文学堂的办学经费作了深入研究。他根据《三年入款征信表》《三年出入总核赢绌表》整理出《福州东文学堂三年收入一览表》和《福州东文学堂三年收支总核表》，得出福州东文学堂"1898—1899年一直都处于入不敷出的状态"的结论。

就是在办学经费严重不足的困窘形势下，学堂还是设法支出，用于购买书籍。《福州东文学堂三年报告汇编》的"学堂备用印单簿籍总目"的"存件簿"中列出的"购备书纸笔墨价目簿一册"即证实了福州东文学堂藏书的其中一个来源——学堂购置[①]。福州东文学堂的《学堂约章六条》也列出学堂经费购买书籍的条款："堂中俟经费有余，当陆续购置汉文东学各种书籍、化理图器算学仪器、各种新报以备纵观、博取之资。"[②]

除了从办学经费中支出，购置藏书的费用还包含福州当地官绅捐的购书费用。以下为《福州东文学堂三年报告汇编》的"官绅书捐题名""辛丑书捐续题名"。

官绅书捐题名（谨依先后为序）

戊戌年

陈宝琛台伏一百圆	孙葆瑨台伏二百圆
力钧台伏一百圆	王仁东台伏一百圆
孙葆琳台伏一百圆	刘崇杰台伏一百圆

---

① 王孝绳:《福州东文学堂三年报告汇编·学堂备用印单簿籍总目》，第55页。

② 王孝绳:《福州东文学堂三年报告汇编·学堂约章六条》，第7页。

王孝绳台伏二百圆

己亥年

余聊沅台伏六十圆　　　　陈宝琛台伏八十圆

孙葆瑨台伏一百六十圆　　刘学恂台伏四十圆

王仁东台伏四十圆　　　　王孝绳台伏四十圆

庚子年

陈宝琛台伏二百三十圆　　刘学恂台伏一百圆

沈翊清台伏一百圆　　　　孙葆瑨台伏三百六十圆

刘鸿寿台伏一百圆　　　　余聊沅鹰银三百圆

王仁东台伏六十五圆　　　王孝绳台伏六十五圆

高蒸台伏三十圆

附辛丑书捐续题名

周莲台伏二百圆　　　　　刘学恂台伏十圆

陈宝琛台伏一百二十圆　　沈翊清台伏六十圆

王孝绳台伏六十圆

日本藤原银次郎龙银十圆

　　根据"官绅书捐题名"及"辛丑书捐续题名"整理出表4《书捐统计表》[①]。据表可知，1898—1901年期间，福州当地官绅捐出的购书费用总额为台伏3030圆。

---

① 王孝绳：《福州东文学堂三年报告汇编·官绅书捐题名》，第90、144页。

表4　书捐统计表

单位：圆

时间	捐钱者及金额	总计
戊戌（1898）	陈宝琛（100）、孙葆瑨（200）、力钧（100）、王仁东（100）、孙葆琳（100）、刘崇杰（100）、王孝绳（200）	900
己亥（1899）	余聊沅（60）、陈宝琛（80）、孙葆瑨（160）、刘学恂（40）、王仁东（40）、王孝绳（40）	420
庚子（1900）	陈宝琛（230）、刘学恂（100）、沈翊清（100）、孙葆瑨（360）、刘鸿寿（100）、余聊沅（鹰银300）、王仁东（65）、王孝绳（65）、高燕（30）	1050+300（鹰银）
辛丑（1901）	周莲（200）、刘学恂（10）、陈宝琛（120）沈翊清（60）、王孝绳（60）、〔日〕藤原银次郎（龙银10）	450+10（龙银）

笔者虽然没有搜集到专门介绍福州东文学堂藏书来源的资料，然而在《福州东文学堂三年报告汇编》之相关篇章中可以找到介绍藏书来源的字眼。如《招聘东文教习规约合同十条》中也提到学堂书籍的来源[①]。以下为具体的合同内容：

一、招聘东文教习议定以满二年为限。

二、每月议奉束脩龙银五十圆。

三、来回盘费各交龙银一百圆。

四、二年限内学堂将教习辞退，应送该教习三个月束脩及回国盘费一百圆，若教习别有事故自行辞退，则不送三个月束脩及回国盘费。

五、教习自行辞退须选举替人，不得延误学堂功课。

---

① 王孝绳：《福州东文学堂三年报告汇编》，第9—10页。

但替人来堂,学堂仍给来费一百圆。

六、教习屋租及仆役、庖丁月薪均系学堂支给。

七、教习如有疾病,学堂宜格外优待,不得怠忽。

八、学堂内书籍器具及教习必需之物件,均系学堂购备。

九、学堂章程及教授功课等须俟教习到堂后再行妥议。

十、各条订立合同两纸,各执一纸为凭,彼此遵守,不得异辞。

大清光绪二十四年　　月　　日　某押
　　　　　　　　　　　　　　　　某押

大日本明治三十一年　　月　　日　某押
　　　　　　　　　　　　　　　　某押

由《招聘东文教习规约合同十条》中的第八条可知,学堂教学用的书籍、仪器等由"学堂购备"。合同一式两份,东文教习和学堂各留一份,双方共同遵守合同约定。如此,则明确了福州东文学堂藏书的来源之一,即学堂购置。

另外,在《福州东文学堂三年报告汇编·监院规约九条》中也提及学堂藏书:"堂中公置书籍、图器及代购备用之件,均归驻堂掌收。学生欲借者照借书约章办理。"[①]除用学堂经费购置藏书之外,日本方面的专供资助也是藏书的重要来源。1900

----

① 王孝绳:《福州东文学堂三年报告汇编·监院规约九条》,第35页。

年,受台湾总督府儿玉源太郎派遣,民政长官后藤新平到福建游历考察。在福州期间,后藤新平曾先后两次参观福州东文学堂,认为:"贵地设立的东文学堂校址地势高,一看便知道是人杰地灵之处,此东文学堂一定能培养出众多年轻有为的、将来能发扬东亚文明的人才。对此,我深信不疑。诸位先生博学多才,投身教育事业,令人敬畏,而负责学堂工作的各位董事也都是德高望重并且非常热心的绅士。该校必将日益繁荣,令人刮目相看,值得期待。为表示赞成之意,我愿意捐赠三百圆,供购买书籍之用。这笔捐款暂时委托丰岛领事和冈田老师保管,希望诸位老师能够理解。"[①]通过后藤新平的叙述,可以确定的是购置藏书的费用除了福州当地官绅捐的购书经费,还包括日本方面的专门购书资助。

2. 捐借与捐赠

除了学堂购置外,福州东文学堂的藏书一部分由学堂绅董捐借,也有一部分是来自日本方面的捐赠。福州东文学堂的《学堂约章》就明确提到书籍捐赠并规定捐赠程序:"同志诸君乐于赞成者,随意捐助款目或书籍、图器。捐置堂中经理人收存,记付据为凭,随时登报以襄盛举。"[②]据日本诸户北郎撰写的"清国福建省日本语学校"载:"去年冬天发生政变,如今日本语学校实际上面临困境,岂不令人叹息?我国人倘

---

① 〔日〕《后藤民政长官在华笔记》,《后藤新平文书》,雄松堂1980年版,第25—40页。

② 王孝绳:《福州东文学堂三年报告汇编·学堂约章》,福建师范大学图书馆古籍部藏,光绪二十七年(1901)抄本,第7页。

若认为,对清国从友谊及便宜上以日语教育清国青年是可取之策,我国政府就应主动设法创办日语学校。而值得庆幸的是清国人率先有此举,因此希望加以利用,对该校提供补助金,有志之士也应适当捐赠书籍、金钱,表达日本人的厚意,实现该校发起人的夙愿。"①

二、福州东文学堂藏书的数量

1. 留存至今的数量

福州东文学堂藏书经过全国第一次可移动文物普查,经图书馆普查人员的整理,发现凡原福州东文学堂藏书均钤"福州东文学堂图书印"。笔者根据书中所钤的"福州东文学堂图书印",经过整理与统计,得知保存于三明学院图书馆中较完好的藏书有53种54册,部件缺失或严重破损有56种56册,二者加起来共109种110册。这些藏书大都为日本明治时期东京博文馆、东京富山房、东京金港堂书籍株式会社等出版的洋装图书,是难得一见的外文古籍。当然,这只是学堂藏书的一部分,不少藏书在辗转搬迁与炮火洗礼中遗失。

2. 总体数量

《福州东文学堂三年报告汇编》中的《借书约章六条》中提道:"立总目一本,分四部登列,并其卷数、本数、某某刻本、某某捐借,续捐者增入。"也就是说,福州东文学堂藏书编有总目一本,按四部分类,每一种藏书都从卷数、册数、版本、来源

---

① 〔日〕诸户北郎:《清国福建省福州日本语学校》,《太阳》第5卷第4号,1899年2月20日。

等四个字段分别著录。遗憾的是，至今仍未发现福州东文学堂藏书总目，无法得知具体藏书总量。现存于三明学院图书馆的福州东文学堂藏书只是其中的一小部分。[①]因暂时没有搜集到此份实物资料，仅能通过一些文献记载推测福州东文学堂藏书的总量。在福州东文学堂藏书流传过程中留下的文献记载也数次提到福州东文学堂的日文藏书。在此以相关文献记载窥探其藏书总量。

（1）从福建省立师范学校内迁永安时关于图书馆藏书数量（含福州东文学堂藏书在内）的记载

在第二章的"福州东文学堂藏书走出福州，内迁永安"部分提到，包括福州东文学堂藏书在内的福建省立师范学校图书馆藏书被列为"择要先行搬运"的校产，于1938年1月26日开始内迁，次月5日左右迁移完成。这是福建省档案馆收藏档案的记载。此份档案并未附搬运清单，因此搬运图书的具体数量、种类等详情未可知。然而在《永安文史资料》中笔者找到一条重要信息。

赖华编在《忆永师》中提到福建省立师范学校内迁永安所搬运的校产情况："从福州运来的校具，有课桌椅千张，图书数万册，钢琴三大架，风琴六十多架，显微镜数十架，动植物及矿物石等标本数百种，理化实验仪器无数。特别还有稀少贵重的白金杯、珊瑚树、钻石、玛瑙等为数众多的设备。"[②]学校进驻永安文庙。据此可知，从福建省立师范学校搬运到永安的图书有

---

① 《中国抗日战争全景录（闽台卷）》，福建人民出版社2015年版，第62页。
② 《永安文史资料（第2辑）》，1983年，第58页。

数万册，福州东文学堂藏书也在此之内。

（2）福建省立永安师范学校—永安师范学校办学期间图书馆藏书数量（含福州东文学堂藏书在内）的记载

这些从省城搬迁来的藏书，在永安又经历了从文庙到大湖、从大湖再到文庙、从文庙到永安东坡的数度搬迁，其所在的图书馆也经历数次更名。从福建省立师范学校图书馆到福建省立永安师范学校图书馆，从福建省立永安师范学校图书馆再到永安师范学校图书馆。随着学校在永安城的几度搬迁，图书馆藏书也随之搬迁。其中在原永安师范学校藏书所经历未果的"新旧交换"的相关档案中提到了藏书数量，当中也提到了福州东文学堂的日文图书。

在永安师范学校提交给福建省教育厅的《请示并请协助本校处理新旧图书问题》的报告中提到了永安师范学校图书室的藏书情况。详情见下文：

> 我校建校历史较长，图书室藏书达数万册，特别是古籍收藏较多。解放以后，曾经数次整理，剔除了一些毒害明显的反动书籍。现有旧书中存大批线装古籍。我们考虑：一方面，这些书籍（如日文、英文科技书籍，十三经，廿四史，历代文选等线装书）作为中等师范藏书，对教学参考和学生阅读，不很适合，且多年不用，管理困难，而且易蛀坏，若在高等学校或大型图书馆，却是难得的"古物"，对研究文史科学，有很大参考价值；另一方面，师生教学新需阅读和参考的书籍，又因经费困难，长

期得不到添购①。

　　据上述报告内容可知，永安师范学校图书室藏书总量有数万册，与福建省立师范学校内迁永安时的"图书数万册"数量似乎相符，但是据《请示并请协助本校处理新旧图书问题》报告可知，新中国成立后永安师范学校对原有的藏书经过了数次整理，其间，剔除了在当时被认为有毒害思想的反动书籍，故永安师范学校图书馆的"数万册"当少于福建省立师范学校图书馆刚内迁永安时的"数万册"。报告列举了日文、英文、科技、史学类等书籍，而原福州东文学堂藏的日文原版书就涵盖在报告所列举的日文书籍之中。此报告之后的关于"新旧交换"来往函件都提到包括日文藏书在内的外文图书，但均无具体数量，只有"数万册"的约数。然而在《福建图书馆事业志》中提到"所藏原永安师范学校图书馆1.7万册图书，为民国时期及其以前的出版物，较为珍贵，例如'福州东文学堂图书印''全闽师范学堂图书印'等藏书"②。这里明显存在矛盾，因在"新旧交换"的往来函件中提到的数量是"数万册"，而后者则说原永安师范学校图书馆的藏书1.7万册，显然数量不符。其余藏书藏归何处？因没有查到关于"新旧交换"的移交清册，也没有永安师范学校图书馆的藏书目录，无从查考。原永安师范学校图书馆的一部分藏书去向，一方面有可能是确实

---

　　① 《请示并请协助本校处理新旧图书问题》，三明市档案馆藏，档号：0094-006-0052-0031。

　　② 《福建图书馆事业志》，方志出版社2006年版，第61页。

"新旧交换"了，但经第二章的研究，永安师范学校关于图书交换事宜并未真正实施，故排除这种可能。一方面也有可能因学校停办等因素遗失。然而，究竟是什么原因导致永安师范学图书馆藏书数量前后不相符呢？

在《福建省志·教育志》中提到，"1970年（笔者注：实为1969年8月25日）（永安师范学校）停办，校舍全由工厂占用，文书档案和部分图书仪器幸存"①。也就是说永安师范学校图书馆的藏书因学校停办因素，部分图书遗失，部分幸存。原永安师范学校教师刘任廷在《"文革"时期的永师琐忆》中载②：

> 1969年4月5日，群众专政纠察队组成，对教师队伍进行大编队。到了11月，有的教师调到县委县府去工作，有的调到一中和三中去，还有一批则安插到各公社去办初中班或在公社工作，有的参加毛泽东思想宣传队下到乡村生产大队去，最后只留三四人在校，保护学校的财产。这时学校虽然没有上课，但行政和财务工作照常运行，许多教师的生活费用还在校支付，家属大部住在校内，校长崔立勋、职工聂书授和我被留在校看守。这时小偷活动非常厉害，光天化日之下，公开拆拿学校财产，破坏设备，如把手风琴簧片拔走，楼梯铜片护板拔

---

① 《福建省志·教育志》，方志出版社1998年版，第555页。
② 《三明文史资料（第10辑）·闽师之源》，中国文史出版社1993年版，第177—178页。

走，电灯和电线偷走。护校人少，小偷小摸人多，虽有看守也无法控制，这一段时间内财产损失不少。到了秋季，接三明专署生产指挥部命令，建设兵团第四师师部要进驻学校，所以只好将科学馆设备、图书馆藏书全部寄存在永安一中。

根据这份资料，基本可以解释为什么永安师范学校图书馆藏书数量前后不符，也就可以理解，为什么用"幸存"二字了。寄存于永安一中的图书馆藏书是否得到很好的保护，还是也有遗失，因为没有搜集到相关的移交清册等档案记录，故寄存之后的图书命运也是未卜。笔者在搜集课题资料的过程中也曾专程到永安一中，但因时过境迁，物是人非，没有搜集到关于图书寄存的史料。后来，刘任廷老师到三明师范学校工作。原属永安师范学校的档案、图书、仪器设备、风琴和钢琴，以及农场的水牛等校产搬迁到新建的三明师范学校。至2006年《福建图书馆事业志》出版之时，在介绍三明师范学校图书馆篇章中，所剩的包括现存于三明学院图书馆的福州东文学堂藏书在内一共是1.7万册。

经过全国第一次可移动文物普查的整理和信息采集后，明确了三明学院图书馆藏原永安师范学校藏书（包括福州东文学堂藏书在内）总共是1.2万余册。这与《福建图书馆事业志》提到的1.7万册又不相符。其中原因，因资料缺失，无从得知。尽管还是没有找到关于福州东文学堂藏书目录等最直接的信息，但是根据学校数易其名、屡迁其址推测，当中遗失的数量肯定不在少数,最后保存至今的应当为原藏书的一小部分,总数应更多。

三、福州东文学堂藏书的特点

1. 福州东文学堂藏书的语种大部分为日语

据现存于三明学院图书馆"闽师之源"文献室的福州东文学堂藏书情况来看,大部分藏书的语种为日文,仅有小部分藏书为中文。如1899年由美国蔚利高撰译的福州美华书局铅印本《大美国史略》。而历史上福州东文学堂藏书的语种是否就是这样的比例已无从查考,但是从学堂的办学宗旨和本书第五章《福州东文学堂藏书与清末福建教育近代化》中的学堂课程开设情况来看,其所配备的藏书也应分配相应语种的图书,学堂藏书语种中日语当为主要语种,次之是中文。

《福州东文学堂三年报告汇编·学堂约章六条》就阐明了"本学堂以习东文为宗旨。初学教授日本语言文字,更进理解,再读日本新刻各书以期贯通,为他日阅报译书普通专门之用"①。因此,学堂配备的图书也以促进东文学习为目的,配备充足的日文图书也是教学所需。另外,再从学堂设置的课程来看,也是以日文学习课程为主,故配备的图书也应偏重日文图书。据福州东文学堂的《东文章程》看,东文学习分为预习科和本科。预习科学习一年,分为两期,即为前期和后期;本科兼习普通学,学习两年,分为第一学年和第二学年。以下是根

---

① 王孝绳:《福州东文学堂三年报告汇编·学堂约章六条》,第2—3页。

据《东文章程》《汉文章程》整理出来的福州东文学堂东文预习科课程、汉文课程安排表。

表 5　福州东文学堂东文预习科课程安排表

预习科	阶段	东语	读书	习字	数学
前期	前三个月	发音、实物语、常用语、言语用法学		五十音、记言	
	后三个月	常用语、问答语、言语用法学	东语读本初步	和文、记言	数学用法
后期	前三个月	东语	读书	学文	数学
		常用语、文言、记言、发语实演	小学读本（卷一）、万国地理大意、万国地理大意	日本文典、文译（日汉互译）	数学大意
	后三个月	常用语、文言、记言、发语实演	小学读本（卷二）、万国历史大意	书牍文初步、文译（日汉互译）	数学大意

表 6　福州东文学堂汉文课程安排表

科目\时间	详表	简表
月曜	讲经义、子书	经义、通鉴
火曜	通鉴、文献通考	文献通考、历代世经文
水曜	本朝圣训、名臣奏议、外国史	经义、通鉴
木曜	讲经义、子书	文献通考、历代世经文
金曜	通鉴、文献通考	经义、通鉴
土曜	本朝圣训、名臣奏议、外国史	文献通考、历代世经文、兼试策论

注:《福州东文学堂汉文课程安排表》为何有详表和简表之分，主要是因为"右表为本学堂定课，开学前三月，初学东文，颇苦繁难，不得不宽假温习汉文课程，暂从简略"。

综合《福州东文学堂东文预习科课程安排表》《福州东文学堂汉文课程安排表》的课程安排情况来看，福州东文学堂的课程主要侧重于日文学习和新式教育(开设数学课程)。虽然也设置了一些汉文课程,但是相比之下科目少得多。因初学东文,难度较大,故将汉文课程简化,选取一些相对简单的汉文课程,以保证日文学习的时间和效果。因此,学校在配备图书方面也是偏向日文图书。从现存福州东文学堂藏书的语种来看,也是日语居多,汉语图书较少。这也构成了福州东文学堂藏书的特点之一。

2. 年均藏书量迅猛增长

1868年初日本开始明治维新,持续时间从19世纪60年代至90年代,推出一系列复兴举措。在文化方面,倡导文明开化、学习西方科学文化成为当时社会的主流风气。新的《出版条例》出台,再加上当时出版印刷、机械造纸及装帧技术——洋装本的进步,日本的图书出版行业迅速发展。日本图书出版事业的发展反映在福州东文学堂藏书数量方面,就是年均藏书量呈迅猛增长态势。笔者据福州东文学堂日文藏书的情况,整理出表7《福州东文学堂藏书出版年份、种类及比重统计表》。藏书主要为明治十六年(1883)至明治三十六年(1903)共21年间陆续出版的图书,处于明治中后期。从图书种类上看,由明治十六年的1种增至明治三十二年的17种,翻了17倍,所占比重由0.92%增至15.60%。图书年度收藏总量总体上呈现出平稳增长的趋势,特别是在明治二十九年(1896)至明治三十五年(1902)年这7年时间里,每年的图书种数增加得都比较多(有关数据详见图2)。福州东文学堂的原版日文藏书只是当时日本图书市场的沧海一粟,却是它的一个缩影。其日益增多之势正好与明治时期日本图书总量增长趋势吻合。据《日本出版百年史年表》中的《出版图书、新闻杂志数历年表》反映，明治十四年至明治三十六年期间，日本出版的图书种数逐年增加，由5973种增至24296种，增长3.07倍。这说明明治时期日本的图书出版已经进入了快速发展的阶段，为明治时期日本出版业迅速发展并一跃成为世界出版大国奠定了基础。

表7 福州东文学堂藏书出版年份、种类及比重统计表

出版年份	藏书种类	占百分比
明治十六年（1883）	1	0.92
明治十八年（1885）	2	1.83
明治十九年（1886）	1	0.92
明治二十二年（1889）	1	0.92
明治二十三年（1890）	1	0.92
明治二十五年（1892）	1	0.92
明治二十六年（1893）	3	2.75
明治二十七年（1894）	2	1.83
明治二十九年（1896）	2	1.83
明治三十年（1897）	5	4.59
明治三十一年（1898）	7	6.42
明治三十二年（1899）	17	15.60
明治三十三年（1900）	11	10.09
明治三十四年（1901）	14	12.84
明治三十五年（1902）	14	12.84
明治三十六年（1903）	5	4.59
出版年份不明	22	20.18

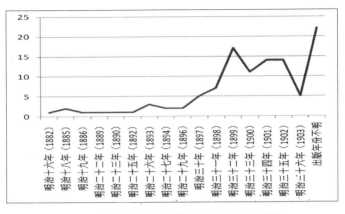

图 2　福州东文学堂藏书出版年份、比重图

3.福州东文学堂藏书的出版机构呈现相对集中与零散分布并存的特点

根据福州东文学堂藏书出版机构的统计情况来看，主要包括春阳堂、东京博文馆、东京东华堂在内的共 31 个出版社。其中出版图书最多的是东京博文馆，所占比例近 30%。而经营社、四圣堂等出版机构所出版的图书明显少得多，所占比例不到 1%，图书出版机构呈现出相对集中与零散分布并存的特点。这与当时日本出版行业的发展密切相关。明治维新前后，日本出现一批比较著名的民间出版社，如吉川弘文馆（1857 年设立）、丸善（1869 年设立）、有斐阁书房（1877 年设立）、三省堂（1881 年设立）。但这一时期的图书出版多数仍是小规模的家族式经营。此种情况的改变始于大桥佐平创立东京博文馆。明治二十年（1887），大桥佐平在东京创立博文馆。这个出版社不仅出版各类图书，还出版期刊、报纸。在印刷方面，大桥

佐平创立博文馆印刷所,在出版发行方面开设专营批发销售的东京堂,形成了在日本出版史上具有划时代意义的"博文王国"。正如山本武利所描述:"值得一提的是于1887年创立的博文馆,它构建了杂志王国。创立者大桥佐平(1835—1901)凭借各种杂志的惊人发行量在出版史上缔造了博文馆时代,留下了浓墨重彩的一笔。"①

4. 图书明码标价,图书价格采取统一标注格式

通过登录查询日本国立国会图书馆网站的 IPAC 书目信息,结合现存藏书的整理,我们获取了其中52种图书的定价,整理出表8《52种图书价格统计表》。

表8 52种图书价格统计表

册数	原版/译著	价格
1	原版	定价金柒拾钱
1	原版	定价金贰拾钱
1	原版	定价金肆拾钱
1	原版	金伍拾钱
1	原版	定价金贰拾钱
1	原版	金拾叁钱
1	原版	金伍拾钱
1	原版	定价金柒拾伍钱
1	原版	金伍拾钱
1	原版	定价金壹圆伍拾钱
1	翻译版	定价金贰拾伍钱

---

① 〔日〕山本武利:《广告的社会史》,北京大学出版社2013年版,第163—164页。

（续表）

册数	原版 / 译著	价格
1	第二版	定价金壹圆
1	原版	定价金壹圆贰拾伍钱
1	原版	定价金伍拾钱
1	原版	定价伍拾钱
1	原版	不详
1	原版	定价金伍拾钱
1	原版	正价金伍拾钱
1	原版	金拾叁钱
1	原版	金伍拾钱
1	原版	金伍拾钱
1	原版	定价金叁拾贰钱
1	原版	定价金陆拾钱
1	原版	定价金贰圆
1	原版	定价金壹圆陆拾钱
1	原版	定价金叁拾钱
1	原版	不详
1	原版	定价伍拾钱
1	原版	定价金陆拾钱
1	原版	定价金伍拾伍钱
1	原版	定价金叁拾伍钱
1	原版	定价金柒拾伍钱
1	原版	定价金叁拾钱
1	原版	定价金陆拾钱
1	原版	定价金捌拾钱
2	原版	定价金伍拾钱
1	原版	定价金壹圆肆拾钱

（续表）

册数	原版/译著	价格
1	原版	定价金叁拾伍钱
1	原版	定价金捌拾钱
1	原版	定价金叁拾伍钱
1	原版	定价金捌拾伍钱
1	翻译版	定价金壹圆贰拾壹钱
1	原版	正价金拾贰钱
1	原版	不详
1	原版	定价金伍拾钱
1	原版	不详
1	原版	不详
1	原版	定价贰圆伍拾钱
1	原版	不详
1	原版	定价金贰圆伍拾钱
1	翻译版	不详
1	原版	定价金叁拾钱

从表8中可以看出：一、福州东文学堂藏书已经明码标价。结合日本出版史来看，书籍并不是一开始就明码标价，而是经历了一个从无到有的过程。在明治维新之前，书籍是没有明确标价的。赵梦云《拨云见"日"》载："明治维新后的一八七五年，日本有了出版法，书籍开始明码标价，随后书籍的出版、批发和零售也有了明确的分工，但零售商必须向出版商预付定金或干脆买断，又彼此压价，竞争激烈，定价形同虚设。"[①] 二、图书价格采取统一标注格式，即：定价金××圆××钱，说明

---

① 赵梦云：《拨云见"日"》，上海文化出版社2000年版，第171页。

这一时期图书已趋于统一定价。三、福州东文学堂藏书的平均售价。《日本国志》载："王政维新，特于大阪设造币局，于明治四年始金、银、铜三货并铸。一仿外国之式，其称谓从圆数起，由一圆而二圆、三圆至于千万亿，皆以圆计。一圆百分之一为一钱，千分之一为一厘。厘十为一钱，钱十为十钱，十钱者十则为一圆。金货有值二十圆者，有值十圆者，有值五圆者，有值二圆者，有值一圆者。"[①] 按照明治时期日本货币的币值进行换算，一圆等于一百钱，得出其中价格明确的 45 种共 46 册图书的价值总共为金三十圆五十二钱。以此计算，平均每册图书大约为金六十六钱，由此估算 165 种共计 166 册图书的总金额大约为 66×166=10956 钱，折合为金一百零九圆五十六钱。

5. 藏书主题契合学堂办学需求

福州东文学堂收藏的图书为明治二十年代至四十年代日本出版的中小学语法入门教科书、中学和师范类教科书、中小学生读物等教育图书。据笔者统计，藏书包含了法律、教育、化学等 12 个主题。其中，法律、经济、历史地理、算术图书较多，分别有 17 种、16 种、15 种和 14 种(详见表 9)，而且这些图书更多是介绍西方国家的，如《平时国际公法》《西洋哲学史》《农用器具学》等。这与高时良、陈名实合作撰写的《陈宝琛与福州东文学堂》总结的情况一致："东文学堂的创办者对此总结数端：'……西书新法，东译较多，择要而从，事半功

---

① 黄遵宪：《日本国志(上卷)》，天津人民出版社 2005 年版，第 483—484 页。

倍……"① 可见福州东文学堂从日本购置的图书，多是介绍西方科学文化知识的，印证了学堂办学的初衷，即"为学习日本语言文字而设的东文学堂，对了解日本，进而了解西方的政治、经济、文化来说，也是十分必要的"②。

表9　福州东文学堂藏书学科类别、种数汇总表

类别	种数	占百分比
法律	17	16.35%
化学	3	2.88%
教育	5	4.81%
经济	16	15.38%
历史、地理	15	14.42%
日语	1	0.96%
算术	14	13.46%
哲学、宗教	9	8.65%
文学	7	6.73%
政治	6	5.77%
物理	4	3.85%
生物	7	6.73%

结合福州东文学堂开设的课程和藏书之类目、种数来看，学堂（包括《东文章程》和《汉文章程》）开设的课程主要有日语、经义、历史、政治、数学、地理、法制、经济等课程，而学堂的藏书则包含法律、工业、化学、教育、经济、历史、地理、日

① 王孝绳：《福州东文学堂三年报告汇编·拟建福州东文学堂小启》，第2页。
② 高时良等：《陈宝琛与福州东文学堂》，载《陈宝琛与中国近代社会》，第432页。

语、算术、哲学与宗教、文学、政治等 10 余个类目。

图 3 福州东文学堂开设课程与藏书类目对应关系图

从图 3 中我们可以清楚地看到,除了经义科目外,学堂开设的课程均有配套教辅图书,除此之外,还有工业、教育、化学、哲学与宗教、文学等类目的藏书。当然这些藏书只是当时福州东文学堂藏书的一小部分,也可能有关于经义等科目的藏书存在,因此我们只能说福州东文学堂藏书基本契合了学堂开设的课程,也有一些课程以外的图书补充。

我们通过分析发现,福州东文学堂藏书虽然存世不多,却特点鲜明。藏书特点的背后,反映了福州东文学堂对藏书配备的重视。虽然学堂经费有限，但是能在连续几年购置配备新的藏书，并且数量逐年增多。另外学堂也注重藏书配备与教学内容的符合度，契合了学堂办学需求。从福州东文学堂藏书特点反观当代高校图书馆的藏书体系，我们发现福州东文学堂的藏书特点与当下图书馆的图书更新、出版社覆盖面和为适应教学制定的藏书建设规划不谋而合，由此体现了福州东文学堂藏书体系的科学性、前瞻性。

第四章 福州东文学堂藏书的管理 与图书馆近代化关系

第一节 福州东文学堂藏书的管理

福州东文学堂在办学经费困难的形势下,为了促进日文和汉文教学需要,通过购置、捐借等方式配备了"存堂图书"。为了便于学堂师生的阅览、参考,学堂特别订立《借书约章六条》,对存堂图书进行有效管理。《借书约章六条》与当代图书馆藏书管理体系相比,虽略显简单,却涵盖了现代图书馆藏书管理的基本条款。本章依托《福州东文学堂三年报告汇编》中关于藏书管理的相关内容展开论述。

一、《借书约章六条》

(一)《借书约章六条》

为了使藏书得到充分的利用,学堂订立《借书约章六条》管理藏书。其文曰①:

---

① 王孝绳:《福州东文学堂三年报告汇编·借书约章六条》,第50—51页。

一　本学堂经费未充,未能购置书籍,兹由各绅董择要捐借以备观览,阅者务须小心,切勿墨污、破损、遗失,违者赔偿。

一　书由捐借,每种只有一部。阅者须有通融,切勿争执后先,致伤雅道。亦不得久留不缴,致旷他人之功。

一　每四周日将各书查检一通,阅者无论已毕未毕,均须缴还再借,以免遗失。

一　所有各书不得携带外出,违者以犯规论。

一　立总目一本,分四部登列,并其卷数、本数、某某刻本、某某捐借,续捐者增入。

一　立借书总簿一本,借时须向此簿自行注明"某人某月日借某书几本",缴时亦如之。

(二)《借书约章六条》与南洋公学图书管理的横向比较

这里需要先说明,为什么把福州东文学堂的《借书约章六条》和南洋公学的借书规定相提并论。这是因为,福州东文学堂是根据南洋公学的管理参照设立的。之所以这样说,是因为在《福州东文学堂三年报告汇编》中几处提到,学堂是仿照南洋公学进行管理的。

首先,《福州东文学堂三年报告汇编》专篇列出"节录南洋公学学规五则备览"[①]。

---

① 王孝绳:《福州东文学堂三年报告汇编·节录南洋公学学规五则备览》,第38—39页。

一　学生同住一房，务须彼此敬爱和睦，志趣学识即有深浅之不同，各宜情恕理遣，不准争竞欺凌，不准擅动他人物件。如有犯者，准同舍生告知学长教习查明缘由，转告监院总理查核斥退。

一　学生衣履须整齐洁净，即在暑日上饭厅亦须着短衫，不得赤体跣足，盘绕发辫。

一　学堂卧室每日早晨均派斋夫打扫。各人书案床铺应自行收拾检点，不得乱堆书籍笔墨，抛散零物衣服，要件装箱扃锁，不得凌乱混放，致有遗失。即桌间床下亦须一律整洁，不得抛撒杂物，墙壁书桌不得随便涂抹，痰盂外不得随意涕唾，大小便均有定处，不得任意污秽。

一　每餐开饭，学生依次入厅，各按派定座位就座。自总理、学长、教习至办事人，每人携学生任坐一桌同食，以便稽查饭食之美恶。每桌俟坐齐举箸，不得谈笑，亦不得纵恣狼藉。先食毕者，加箸碗上，示敬斋毕，乃放箸同起，依序赴盥洗处挨次洗面。

一　伺候人役，如不听教习、学生呼唤，或故意违延，应告明监院知照。办事人查明，申斥裁革，但不得于未经报查时擅行挞骂。

其次，《福州东文学堂三年报告汇编》的《学规九条（己亥更定）》也明确指出："所订规条为整饬学生而设，参用南洋公学。"①

1. 南洋公学

（1）南洋公学的创办

1898 年四月，洋务派代表人物盛宣怀向光绪皇帝递上了《筹集商捐开办南洋公学折》。奏折中提到，"臣于光绪二十二年冬间附奏《请设达成馆片》内，曾经陈明在上海地方筹立南洋公学"②，这是盛宣怀筹款议建南洋公学的开始。之所以称为南洋公学，一者因学校经费半由商民（招商局、电报局）所捐，半由官助，为公学；一者清末称今上海地区为南洋，故名南洋公学。南洋公学为现西安交通大学和上海交通大学的前身。《筹集商捐开办南洋公学折》集中体现了南洋公学的办学思想，即"西学为用，必以中学为体"，并选取日本作为学习西学的蓝本，"即于上年二月间考选成材之士四十名，先设师范院一学堂，延订华洋教习，课以中西各学，要于明体达用、勤学善诲为指归。复仿日本师范学校有附属小学校之法，别选年十岁内外至十七八岁止聪颖幼童一百二十名，设一外院学堂，令师范生分班教之。"③

（2）两份《南洋公学章程》

这里暂不讨论南洋公学有两份章程的原因，我们主要关注两份章程的相关内容。南洋公学的两份章程现保存于西安交

---

① 王孝绳：《福州东文学堂三年报告汇编·学规九条（己亥更定）》，第 32 页。

② 《交通大学校史资料选编（第一卷）》，西安交通大学出版社 1986 年版，第 33 页。

③ 《交通大学校史资料选编（第一卷）》，第 34 页。

通大学西迁博物馆。一份为 1897 年九月由南洋公学总理（校长）何眉孙手书。这份章程曾在南洋公学校园的明显处张贴公示，以供众人悉知。此份章程共 15 章，分别从总约、主学法及总司学法人、教习之职、办事人之职、书楼管理人之职、相见仪节、学生规约、课堂、膳厅、卧室、整洁、休假、游息、程功之法、督过之法对学校管理作了明确的规定。一份为 1898 年六月十二日由盛宣怀上奏清廷的《筹集商捐开办南洋公学情形折》中附的《南洋公学章程》。该章程共 9 章，即设学宗旨、分立四院、四院学生班次等级、学规学课、考试、试业给据、藏书译书、出洋游学、教员人役名额。两份章程的制定时间前后相差不到一年，名称相同，但内容却不尽相同，各有侧重，但有一个共同之处便是都提到学校藏书。

图 1　第一份《南洋公学章程》，1897 年九月由何眉孙手书。

图 2　第二份《南洋公学章程》(局部图)，1898 年六月十二日盛宣怀上奏清廷的《筹集商捐开办南洋公学情形折》中附录。

注：两份《南洋公学章程》图源于西安交通大学网 http://news.xjtu.edu.cn/info/1033/5258.htm。

2. 福州东文学堂的《借书约章六条》与《南洋公学章程》之藏书管理比较研究

参照南洋公学管理的福州东文学堂，其藏书管理是否也参照南洋公学呢？ 1897 年二月，南洋公学的筹款下拨，初置掌书官，开始购置中西文图书。1897 年九月，南洋公学第一任校长(时称"总理")何嗣焜亲自制定，并亲笔书写了《南洋公学章程》。该章程为管理性章程，全文共四五千字，分十五章，对校长、教务长、中外教师、办事员等的职责分别作了明文规定。其中第六章共二节，对南洋公学的藏书译书作了明确规定。具体规定如下[①]：

---

　①　《交通大学校史资料选编(第一卷)》，第 37 页。

第六章　藏书译书　共二节

第一节，公学设一图书院，调取各省官刻图籍。其私家所刻及东西各国图籍，皆分别择要购置，尽藏学堂，诸生阅看各书，照另定收发章程办理。

第二节，师范院及中、上两院学生，本有翻译课程，另设译书院一所。选诸生之有学识而能文者，将图书院购藏东西各国新出之书，课令择要翻译，陆续刊行。

1898 年六月十二日，盛宣怀向清廷上奏《筹集商捐开办南洋公学情形折》，该份奏折中附的《南洋公学章程》，第 5 款为"书楼管理人之职责"，规定藏书与取书的具体细则，是交通大学图书馆规章制度之始，也是我国高校藏书楼最早的章程。以下为《南洋公学章程》之第 5 款"书楼管理人之职"全文 [①]。

藏书：

书籍分门别类，编总目录一册。凡卷数、本数、撰著朝代、姓名及板本，均须注明，即照目录次序库藏，以便查取。

书橱编列字号，橱门扃锁，非收发及通风晒书时不开。

每早应将楼窗打开以通风气，日暮关窗，阴湿时则否。

每季择天晴日，挨橱摊晒一次。晒毕，略荫少时，依次收藏。

凡书有脱线及书面破损者，随时声明修补。

每季及放学时，另行派人照总目检阅一次，察看有无遗失及虫鼠伤损等情，如有残缺，管理人认咎赔补。

取书：

凡教习及师范专修班取阅书籍，应自书一纸条，注明某月日、某人取书若干本，持至书楼，由管理人照登取书籍，开橱取付，不得自行翻取。还书时，由管理人察看有无损坏，在取书簿内分别登明、注销，收还原橱。各班学生所书取书纸条，由本班教习签字领取。取去书籍，遇有原来残缺者，教习及师范专修班即送管理人签记，并于书目下注明，以备钞补，学生则随时呈教习验明再送。

学生阅书必宜珍惜，如任意摩擦或油污墨染及被鼠伤等情，须认修整之费，倘毁坏残缺，应照全部价赔偿。

取阅之书，不得私带出门及私借与人。

取书者，不得强管理人以违章之事。

另外，根据1898年六月十二日的南洋公学章程（即《奏谨将南洋公学章程恭呈御览》）的第八章《教员人役名额》的第一节曾提道："南洋公学总理一名，华总教习一员，洋总教习一员，管图书院兼备教习二名，医生一名。"①

联系福州东文学堂的《借书约章六条》与《南洋公学章程》之图书管理，虽然两个学校相距甚远，创办时间前后相隔二年，但是认真解读二者之相关规定，却发现两个学堂在藏书

---

① 《交通大学校史资料选编（第一卷）》，第37页。

管理的规章制度上有着相同和不同之处。这里根据两个学堂的藏书管理规定作如下横向比较研究。

第一,图书管理规定的详略程度各有不同。从规定的详略程度上看,前述第一份《南洋公学章程》之"藏书译书"及第二份《南洋公学章程》中的"书楼管理人之职"比福州东文学堂的《借书约章六条》(共 224 字)更为详细具体,尤其是第二份《南洋公学章程》详细规定了藏书和取书环节的流程。仔细分析,第二份章程俨然为现当代图书管理之闭架式借阅管理的先河。福州东文学堂的《借书约章六条》则较为简约、通俗,是对南洋公学章程学习、简化后的结果。因笔者尚未搜集到《福州东文学堂章程》,无法得知其中是否含图书管理的相关规定,但从目前所掌握的资料来看,福州东文学堂的《借书约章六条》较之《南洋公学章程》,文字更为简练。

第二,福州东文学堂的《借书约章六条》改进了部分《南洋公学章程》的管理方法。1898 年的《南洋公学章程》规定[①]的做法,简单地说就是借阅者在本班的教习处领取取书纸条,自行填写完毕后,注明某月某日、某人取书若干本,教习签字后,借阅者带取书纸条到图书楼,由管理人按照取书纸条开橱取书交给借阅者。还书时,管理人查看书籍情况,然后在取书簿内登记、注销,把书收还原橱。这个借还书的流程一共涉及借阅者、教习、图书管理人三方。然福州东文学堂的《借书约章六条》仅涉及借阅者和图书管理人,借阅者只需在借书总簿

---

① 《交通大学校史资料选编(第一卷)》,第 37 页。

上自行注明"某人某月日借某书几本",省去至教习处领取取书条与签字确认的环节。图3、图4为南洋公学与福州东文学堂借阅流程示意图,相比较而言,《借书约章六条》更便捷,便于读者借阅。

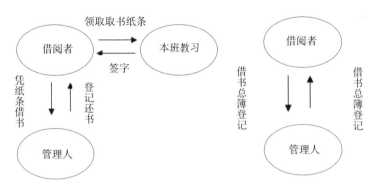

图3　南洋公学借还书流程图　　图4　福州东文学堂借还书流程图

　　第三,《南洋公学章程》的图书管理规定更加全面具体。尤其是第二份《南洋公学章程》对图书的常规管理规定得更具体,操作性很强,对在其之后的国内其他高等学府的藏书管理具有重要的参考价值。西安交通大学西迁博物馆工作人员研究认为:"这(南洋公学藏书楼)是我国建立最早的高等学府藏书楼之一。创建高校藏书楼,不仅继承了我国历史上建阁藏书的优良传统,而且体现了藏书楼在图书利用方面的重要作用,开创了我国高校藏书楼为教学服务的先河……《南洋公学章程》第五款为'书档管理人之职',内定藏书与借书的具体细则,此为我馆规章制度之始,亦为我国高校藏书楼最早的章程。"①迄今为止,《南洋公学章程》也是所发现的中国高校最早的一份管理章程原件,对于研究中国近代高等教育思想和高等教育史有着极为重要的史料价值。

第四,福州东文学堂的《借书约章六条》是对《南洋公学章程》图书管理规定的继承和发展。笔者以《借书约章六条》为坐标,梳理了二者存在的相同和不同之处。详见《福州东文学堂与南洋公学藏书管理措施对照表》。

表1 福州东文学堂与南洋公学藏书管理措施对照表

	项目	《借书约章六条》	《南洋公学章程》之书楼管理之职
相同之处 (继承)	设立藏书目录	总目一本,分四部登列,并其卷数、本数、某某刻本、某某捐借,续捐者增入	分门别类,编总目录一册。凡卷数、本数,撰著朝代、姓名及板本,均须注明
	藏书查检	每四周日将各书查检一通	每季及放学时,另行派人照总目检阅一次
	借阅范围	所有各书不得携带外出	取阅之书,不得私带出门及私借与人
	借阅登记	此簿自行注明"某人某月日借某书几本",缴时亦如之	于纸条上注明"某月日、某人取书若干本",取书簿内分别登明、注销
	藏书保护	阅者务须小心,切勿墨污、破损、遗失	必宜珍惜,防止出现任意摩擦或油污墨染及被鼠伤等情况

① 肖小勃等:《交通大学图书馆馆藏发展所蕴涵的文化信息》,http://xszx. xjtu.edu.cn/info/1012/1428.htm,2021-03-30。

（续表）

	项目	《借书约章六条》	《南洋公学章程》之书楼管理之职
相同之处（继承）	赔偿制度	违者赔偿	须认修整之费，倘毁坏残缺，应照全部价赔偿
不同之处	藏书来源	学堂购置，各绅董择要捐借	分别择要购置各省官刻图籍、私家所刻及东西各国图籍
	藏书利用	无	择要翻译，陆续刊行图书院购置收藏的东西各国新出之书
	书楼管理	无	开窗通风，摊晒图书
	藏书修复	无	书有脱线及书面破损者，随时声明修补
	遵守规章	无	不得强管理人以违章之事

二、管理措施

较之南洋公学的《南洋公学章程》，1898 年设立的京师大学堂先后订立了《京师大学堂藏书楼章程》三章二十二节、《京师大学堂藏书楼新定章程》二十八条、《京师大学堂藏书楼增订阅书借书章程》十一条，对图书管理规定得更为详细。笔者在前面已将福州东文学堂的《借书约章六条》和《南洋公学章程》进行了横向比较，福州东文学堂的《借书约章六条》虽较为简单，但对图书管理的基本规范无一漏及。主要涵盖以下几方面的内容：

一是揭示藏书来源：主要为学堂购置、各绅董捐借及日本方面的捐赠。这样的藏书来源主要是由于学堂办学经费不足，与现代图书馆的藏书来源有很大区别。现代图书馆的藏书虽然也接受校友、知名人士、机构等各方面的捐赠，但主要还是靠学校划拨的图书购置经费从出版社购买获得，捐赠只是很小的一部分。与同一时期的南洋公学类似，福州东文学堂的藏书有相当一部分为学堂绅董捐借或是日本方面的捐赠，一部分是用学堂经费购置。

二是借阅图书的规定：要爱护图书，不能污损、破损、遗失图书，违反规定需作相应赔偿。此条关于图书使用的规定，虽制定于清末，却不过时，仍然适用于现代图书馆的纸质图书的借阅。

三是图书流通的规定，因馆藏图书为捐借，一般只有一个或没有复本，借阅者应互相通融，切勿争执，不能久留不还，影响他人使用。此项规定主要是由当时藏书来源决定的。因当时藏书部分为捐赠，部分为购置。且经费有限，购置的图书基本都是一种一册，复本数都是1，这样就导致图书，特别是热门图书的借阅会发生冲突。为了缓解藏书复本有限与读者需求之间的矛盾，故规定借阅者"须有通融，切勿争执后先……亦不得久留不缴"类似之条文。现当代图书馆通过将书籍数字化，已有效解决了纸本藏书复本有限的问题。

四是藏书的日常管理，规定第四周的周日查检所有藏书，借阅者不论是否使用完毕，均需先归还再借，以免遗失。也就是说，福州东文学堂藏书的日常管理实行按月查检，而南洋公学实行按季查检。较之现代图书馆资源形式的多样化,纸质藏书更适合进行全部藏书的查检,特别是藏书总量不多的图书馆。实行藏书定期查检,具有重要的意义:一方面学堂可以清楚地了解藏书的整体情况,有无破损、遗失;另一方面可以了解藏书的利用情况。

　　五是藏书的开放程度,藏书不能携带外出,仅限在本学堂内使用。李东林在《大学图书馆建设与利用》中指出:"书库是图书馆保存馆藏文献的地方……书库可分为开架书库和闭架书库两种。开架书库多保存读者经常借阅的文献,读者可以进库自行选择所需的文献……闭架书库一般不允许读者自由进入,读者想要借书或阅览,需填写'索书单',由图书馆员根据'索书单'进库提书。闭架书库多保存的是贵重文献或读者不太常用的文献。"[①] 根据李东林的定义,南洋公学图书院和福州东文学堂图书室均为闭架书库,学堂生徒不能自由进入查找借阅图书:南洋公学图书院生徒凭"取书纸条",由管理人进库查找图书,然后交给生徒;福州东文学堂的《借书约章六条》虽简化了图书借阅流程,但依然实行闭架管理,生徒需在"借书总簿"上如实登记后,由管理人员取给书籍。虽已借阅图书,但生徒不能将图书携带出学堂。

　　六是图书室设有藏书总目,按四部分类,登列藏书的卷数、本数、版本、捐借人等信息,以便查询借阅。福州东文学堂图书室也列有藏书总目,便于了解藏书数量。为了便于藏书分类

──────────

　　① 李东林:《大学图书馆建设与利用》,河南人民出版社 2007 年版,第 260—261 页。

管理,采用四部分类法,从藏书的卷数、本数、版本、来源(即捐赠或捐借者)字段分别著录。福州东文学堂虽为以倡导学习东文及西方科学技术为宗旨的新式学堂,但因其处于清末,学堂图书室所用的藏书分类法还是四部分类法,即按经、史、子、集四部分类排列组织藏书。

《隋书·经籍志》首次以经、史、子、集四部分类,由此确立了四分法在中国古代目录学上的主导地位。经过一千三百多年的发展,清末西学东渐,一些西方科学技术不断传入,外国图书不断流入,"四分法"已经不能容纳所有的图书。《中国目录学史》在探讨"新分类法创造之尝试"时也提道:"'四部'分类法之不合时代也,不仅现代为然。自道光、咸丰允许西人入国通商以来,继以派生留学外国,于是东、西洋译籍逐年增多。学术翻新,迥出旧学之外。"[①]于是,清代的目录学家将四部分类法予以完善,新增加了"新学""类丛",用来容纳新的图书类型。关于新分类法创造的尝试,至宣统三年的《涵芬楼新书分类目录》,才有最完密的类目。

七是设有"借书总簿",借阅时要在此簿上登记借阅人、借阅时间、借阅册次、书名,归还时也要在此簿上作相应登记。《借书约章六条》将藏书来源、流通管理、书库日常管理、藏书开放、藏书目录、借阅登记做了一一说明,虽简明扼要,却不失完备。福州东文学堂采用"借书总簿"来借阅图书,说明了两个问题。一是福州东文学堂图书室虽处于清末,但已不是古代

---

① 姚名达:《中国目录学史》,上海古籍出版社 2005 年版,第 120 页。

藏书楼,突破了古代藏书楼的"藏而不用"或"重藏轻用"的弊端,《借书总簿》的登记详情便是福州东文学堂藏书注重利用的最好实证。在福州东文学堂的《借书约章六条》中提到"立借书总簿一本,借时须向此簿自行注明'某人某月日借某书几本',缴时亦如之"。在《福州东文学堂三年报告汇编·学堂备用印单簿籍总目》中的"存件簿"就提到学堂存有"学生借书底簿一册"。二是福州东文学堂图书室的《借书总簿》说明藏书不仅注重师生借阅,而且处于借阅管理中的手工借阅阶段。根据王云祥《我国高校图书馆制度与读者权利冲突研究》,"电脑借阅的优势优于手工借阅,简化借还手续,提高工作效率"[①]。与手工借阅对应的是传统的纸质书目卡片,和电脑借阅对应的是机读目录。显然福州东文学堂图书室的借阅方式是传统手工借阅,需要手工登记借还信息,与中国图书馆事业发展历史阶段相符合。《借书约章六条》中提到的《借书总簿》在《福州东文学堂三年报告汇编》的其他地方亦有提及,但并未附《借书总簿》的样例。笔者在资料搜集过程中未见《借书总簿》这份档案,其真实样貌不得而知。不过《借书总簿》的登记项目很明确,笔者经过搜集,找到同时期其他学校图书馆的《借书总簿》,见下图。

---

① 王云祥:《我国高校图书馆制度与读者权利冲突研究》,中南大学出版社2011年版,第235页。

图 5　私立三林小学高级部图书馆的《借书总簿》

上图为私立三林小学高级部图书馆的《借书总簿》。三林小学始建于 1903 年，距今有近 120 年的办学历史，位于上海三林世博功能区南部，三林老镇的中心区域。此份《借书总簿》为三林小学校三十周年纪念刊上展示的文献①。

---

① 《上海文献汇编·文化卷（39）》，天津古籍出版社 2013 年版，第 101 页。

第二节　福州东文学堂藏书
与图书馆近代化关系分析

　　韩永进在《关于中国图书馆史研究的几点思考》中，将中国图书馆史划分为古代藏书楼（先秦—清中期）、近代图书馆（清末—民国）和现当代图书馆（中华人民共和国成立以来）三个阶段[①]，又将近代图书馆卷分为鸦片战争时期、洋务运动时期、维新变法时期、清末新政时期、民国初期、民国中期、抗日战争时期和解放战争时期八个阶段。福州东文学堂于 1898 年七月二十一日开堂办学，正处于维新变法时期。1903 年十二月十二日，陈宝琛与闽浙总督商定，把福州东文学堂改组扩充为全闽师范学堂，福州东文学堂藏书自然地成为全闽师范学堂藏书的一部分。福州东文学堂独立存在的 1898—1903 年期间，正处于近代图书馆历史阶段。福州东文学堂图书室的设立是图书馆近代化大潮中的一朵浪花，从藏书的来源与管理方式中均可发现其近代化的痕迹。

　　《图书情报工作概论》认为：“设置专门阅览室，编制目录，对社会开放，出借藏书，这些都是近代图书馆区别于封建藏书楼最基本，也是最重要之特点。”[②]据此反观福州东文学堂藏书，其近代化特征显而易见。

---

　　① 韩永进：《关于中国图书馆史研究的几点思考》，《中国图书馆学报》2015 年第 7 期，第 9 页。
　　② 辛希孟等：《图书情报工作概论》，中国科学院文献情报中心 1990 年编，第 57 页。

一、1898—1904 年期间，中国近代图书馆的概况及特征

据韩永进编著的《中国图书馆史·近代图书馆卷》的划分，1898.7—1903.12 期间又可分为两个阶段，1898—1900 阶段，即处于维新变法时期的藏书楼时期；1901—1903 阶段，属于清末新政时期的公共图书馆运动时期。因福州东文学堂独立存在的时间（1898.7—1903.12）只有 5 年有余，时间很短，故在这里就不再根据《中国图书馆史·近代图书馆卷》再细化。中国近代图书馆在经历了 1840—1894 年期间西方图书馆观念的传入后，清朝传统的藏书楼经受了新式图书馆思想的冲击。在 1898 年戊戌变法之后，西方科学技术大量传入中国，其间西方图书馆观念的传播力度较之前有更大的进展，且影响更为深远，其直接结果就是具有明显近代化特征的藏书楼的纷纷设立，具体如 1898 年清政府设立的京师大学堂藏书楼及各类学堂藏书楼、学会藏书楼的设立。这一时期所设立的各个藏书楼具有时代赋予的共性，也有各自的特性，福州东文学堂图书室就属于学堂藏书楼。笔者在此简要介绍这一时期设立的各类藏书楼。

（一）学会藏书楼

戊戌变法时期，中国近代图书馆事业发展的重要标志之一就是学会藏书楼的设立。维新变法改良派为了宣传变法，倡导变法，曾在全国各地广建学会，建立自己的宣传文化阵地。各类学会的普遍特点之一便是设有自己的藏书楼，供学会成员阅读使用。广设藏书楼，正是响应康有为在"公车上书"中提倡

的"教民之法"（即讲求西学、变科举、立学校、成立图书馆、创办报馆等）的举措，也是维新派把他们学习到的近代图书馆思想付诸实践的过程，在中国近代图书馆事业中留下浓墨重彩的一笔。据王西梅《中国图书馆发展史》研究统计："从 1895 到 1897 年，国内已设立学会 24 所"[①]，1898 年戊戌变法内容之一便是准许自由创立报馆和学会，变法间接促进图书馆事业的发展。"（1898）当年学会已经增加到 87 所，学堂 131 所，报馆 91 所"，这些学会、学堂，"多附设藏书单位，一般有较完善的藏书和管理制度"[②]。

　　这些学会藏书楼虽不如西方图书馆先进，但和传统的藏书楼相比已有很大的区别。王西梅认为，这些藏书楼具有如下特征：集资共享；书报齐备，中西兼顾；注意馆舍和选址；讲求研习和翻译；管理比较科学。比如，《知新报》载《京师关西学会略规》称："凡入会之友，各出会资二十金，以为购书、购报。"《湘学报》载《武昌质学会规定》称："凡五洲史籍，格致专家，律例章程，制度政典，皆储藏赅备，以资他山。"[③] 劝学会注重藏书楼选址，为广大读者借阅方便，向官方提出："恳请转禀极峰准拨尊经阁代为藏书之所。盖以阁地宽敞，可容百余人团坐观书之故。"[④] 苏学会藏书楼规定："书籍当依类编目，易于检寻。……书籍每月由协理轮查一次，如有损坏遗失等情，须

---

① 王西梅：《中国图书馆发展史》，吉林教育出版社 1991 年版，第 226 页。
② 王西梅：《中国图书馆发展史》，第 226 页。
③ 施金炎等：《中国书文化要览·近现代部分》，湖南教育出版社 1997 年版，第 172 页。
④ 谢灼华：《中国图书和图书馆史》，武汉大学出版社 2011 年版，第 263 页。

由管书人追根赔补。"①

（二）学堂藏书楼

1. 京师大学堂藏书楼及章程

这一时期设立的学堂藏书楼以京师大学堂藏书楼为代表。1898 年六月十一日，以康有为、梁启超为代表的维新派发动"戊戌变法"，变法的"新政"之一便是创办京师大学堂。同年七月三日，京师大学堂创办，随之设立京师大学堂藏书楼。该学堂是中国近代第一所国立大学，它的成立开启了中国近代高等教育。作为学堂的重要部门，京师大学堂藏书楼也极具近代色彩，它是按照近代教育的需要和西方大学图书馆的模式而设立的，可谓"新型的藏书楼"。藏书楼以"广集中西要籍，经供士林浏览而广天下风气"为宗旨。在经历了戊戌政变、义和团运动、八国联军侵占北京城等历史变故后，京师大学堂遭受摧残，曾一度停办。1902 年，清政府下令重建京师大学堂。为了适应不同阶段学堂师生对图书的需求，学堂从 1902 年至1904 年先后制定推行了《京师大学堂藏书楼章程》《京师大学堂藏书楼新定章程》《京师大学堂藏书楼增订阅书借书章程》《京师大学堂续订图书馆章程》。

（1）《京师大学堂藏书楼章程》

1902 年京师大学堂恢复办学后，为了保证藏书楼的正常运行开放，特制定了《京师大学堂藏书楼章程》。1902 年新创刊的《大公报》在 1902-12-23、1902-12-25、1902-12-28 这三

---

① 汤志钧等：《中国近代教育史资料汇编·戊戌时期教育》，上海教育出版社 1993 年版，第 104 页。

天的"时事要闻"栏目,用专门版面刊登《京师大学堂藏书楼章程》。此章程共分三章,二十二节。第一章为总纲,阐明藏书楼设立的宗旨、人员配备、藏书楼的布局等条文,共有八节;第二章为阅书,共有六节;第三章为取书,共有八节。第二章和第三章阐明藏书楼的主要业务,明确阅书和取书的流程及注意事项。值得注意的是,第一章的第一节明确了该藏书楼的定位:"藏书楼之设所以研究学问,增长智慧。"第二节指出了该章程的重要指导意义:"所有钦定大学堂章程,藏书楼办事各人员均应一律遵守。"第五节对藏书楼的布局作出了规划:"查藏书楼规制,藏书、阅书必须分设,今暂就现在情形,以楼上为藏书处,楼下除藏书外兼备阅书。"也就是说,这份章程不仅适用于本学堂(京师大学堂),还是同时期其他学堂藏书楼章程的参照蓝本,其标杆意义显而易见。在之后设立的藏书楼也多处可见以《京师大学堂藏书楼章程》为参照样本的例子。1904年,徐树兰在《为捐建绍郡古越藏书楼恳请奏咨立案文》中提到,古越藏书楼的分布格局即楼下观书、楼上藏书,这与京师大学堂藏书楼的格局一致。另外,《京师大学堂藏书楼章程》较为进步的一点就是,藏书楼已经意识到应根据阅读对象的不同,制定相应条文以保障他们的需求,规定学堂的师范、仕学两个馆的学生"取阅各书只许在学堂各斋舍观览,不得带出学堂之外",对大学堂附设的其他部门"译书局、编书局、译学馆、医学馆各处取阅不在此例"。这是大学堂藏书楼在服务精细化、个性化方面的探索。

　　(2)《京师大学堂藏书楼新定章程》

大学堂藏书楼开放后，到馆阅书、借书者络绎不绝。1903年3月18日的《大公报》"时事要闻"报道，大学堂"藏书楼阅报之人数较从前多至两三倍"。藏书楼为了应对更多的师生读者及各省官书局征调书籍的陆续到馆的新形势，制定明确的工作流程以规范管理藏书楼。1903年初，藏书楼制定出台《京师大学堂藏书楼新定章程》，全文详见1903年三月十二日（第258号）的《大公报》版面。此章程是在《京师大学堂藏书楼章程》的基础上补充修订的，全文共二十八条，主要是对藏书楼办事人员的工作提出严格要求，对藏书楼与学堂其他部门的协调沟通、藏书楼如何接待师生等具体问题提出详细的流程与要求。与《京师大学堂藏书楼章程》相比，此份章程的内容更加具体，操作性和指导性更强，是在大学堂恢复办学、藏书楼开放运转后出台的更有针对性、更具规范性的规定。比如，针对师生读者需求，延长藏书楼的开放时间，之前为"每日早期前八点钟起至午后四点钟""晚期七点钟起至十点钟止"，改为"每日午前八点钟至午后九点钟为办事时刻"，藏书楼开放时间长达十三个小时。藏书著录更加规范，著录项目更加详细，"凡版本、纸色、卷数、本数，及撰人、译人姓名、朝代，均须注明""书籍须编列字号"，便于"每日查检号数有无遗失伤损"。根据中西图籍的装帧特点，制定不同的借阅规定："外国书籍卷帙重而字数密，自应略予变通，惟每次取书不得过一本，缴还之期不得过一月。"[①]

（3）《京师大学堂藏书楼增订阅书借书章程》

---

① 《京师大学堂藏书新定章程》，《大公报》1903-03-12（第258号）。

在《京师大学堂藏书楼新定章程》制定后,京师大学堂藏书楼根据师范和仕学馆员生图书需求的增多,适时对藏书楼章程进行增订修改,制定了《京师大学堂藏书楼增订阅书借书章程》。1903年六月二十日的天津《大公报》全文刊登了该章程。此章程在1902年的《京师大学堂藏书楼章程》的"阅书""取书"的基础上,进行增补修改,以适应新的师生需求,藏书楼的章程更加完备。其变化之处主要有两点,一是根据每种藏书的数量,将藏书区分为"寻常项"和"贵重项",并采取对应的借阅办法。被列为"寻常项"的藏书,"凡寻常项书,[堂]中各员生均得借阅"。被定为"贵重项"的藏书,"除章程内所声明准借者外,一概不得借阅",持"管学大臣暨总办、总教习、提调、襄办或总教习有准借凭据",方得借阅贵重藏书。这种将藏书区别借阅的管理方式,与后来图书分为流通本与保存本管理有相通之处。二是将藏书楼开放时间再次延长,开放时间长达15个小时。"每日清晨七钟至夜十钟止,凡堂中各执事人员及两馆学生均可来本楼阅看书籍、报纸"①。

另外值得注意的是,《京师大学堂藏书楼增订阅书借书章程》《京师大学堂藏书楼新定章程》都反复强调在学堂放假前由收掌供事(即藏书管理员)依照目录检查藏书的遗失伤损情况,然而京师大学堂藏书楼对此条款执行得并不严格。在三明学院图书馆的"闽师之源"文献整理过程中,就发现有一种钤

---

① 《京师大学堂藏书楼增订阅书借书章程》,《大公报》1903-06-20(第357号)。

印"大学堂藏书楼之章"的图书①。（图6即为钤有此印的书影。）如此看来，此书有可能是从京师大学堂流出，历经辗转后到此的。

（4）《京师大学堂续订图书馆章程》

1904年，京师大学堂为了规范图书馆管理，充分发挥图书馆服务教学、学术研究的功

图6　三明学院图书馆藏书钤"大学堂藏书楼之章"

能，在原藏书楼开办时订立的三份关于藏书楼章程的基础上，续订章程，即为《京师大学堂续订图书馆章程》。此份章程共计四章，内容较此前三份更为详尽。章程的主体内容为：第一章规定了图书馆管理者、管理员（即经理官、供事人）的职责。图书馆经理官的职责为"掌理馆中书籍事务及节制所属供事听差各人"，供事人受经理官之命，主要职责有"掌书籍出入，登记簿录""簿记书籍之责""至书楼上下各橱，每日清扫，凡书籍有脱线破损者，查明休整，依旧安置原处"②。第二章为图

---

① 何玲：《千里追缴，一本不能少——京师大学堂催促师范馆毕业生归还图书事例》，《大学图书馆学报》2013年第3期，第122页。

② 何玲：《被人遗忘的关于京师大学堂藏书楼的三个章程》，《大学图书馆学报》2015年第5期。

书收储制度,主要为登记收藏、按各类图书的特征分类注册、编目。第三章为借取书制度,涉及教员与学生借取书;第四章为禁约部分,规定了违规及其处罚条款。这些条款不仅有针对借取书的教员、学生的条款,更有针对供事人之款目。此份章程的制定,具有重要意义。一方面,它将很长时间一直沿用的藏书楼改为图书馆,这是古代藏书楼到近代图书馆转变的文献证明。一方面,章程的内容使图书馆相关规章制度更加规范,使大学堂图书馆服务教学、学术研究的功能得到有力保障。吴晞在《从藏书楼到图书馆》中认为:"京师大学堂藏书楼是一所与历代官学藏书性质迥异的新型图书馆,基本上是以西方图书馆的模式创建和发展的,近代大学图书馆所应有的各种功能均已具备。"①

1898—1904 是中国图书馆近代化的一个重要阶段。在这一时期,学会藏书楼如雨后春笋般破土而出,学堂藏书楼纷纷设立,有关的藏书管理章程日益完善。成立于 1898 年七月的福州东文学堂,也带着鲜明的时代色彩。

二、福州东文学堂藏书与图书馆近代化关系分析

正如上述戊戌变法期间及其之后的几年中国近代图书馆事业经历了从思想到实践的飞跃,中国近代图书馆事业进入其萌芽阶段,纵观这个时期的学会藏书楼、学堂藏书楼(图书馆),其具有的近代化特征比较明显。《中国图书史与中国图

---

① 吴晞:《从藏书楼到图书馆》,书目文献出版社 1996 年版,第 71 页。

书馆史》认为："我国近代图书馆事业的产生，无疑是清朝末年。它经历了封建藏书楼的衰落，得力于资产阶级改良派、维新派的促进。"[①]近代学会和学堂创办的藏书楼具有的近代化特征，总结起来主要有以下几个方面，深入分析，福州东文学堂图书室与之相吻合：

（一）藏书楼功能上，突破传统藏书楼的"藏而不用"或"重藏轻用"，具备供读者共同使用的特点。为了使"福州颖秀子弟"学习东文能"初学教授日本语言文字，更进理解，再读日本新刻各书以期贯通，为他日阅报译书普通专门之用"[②]，学堂在经费未充的情形下，仍拨出一定经费购买图书，并通过接收捐借和捐赠图书的方式丰富馆藏，供师生借阅。《借书约章六条》的第一条就明确指出，本学堂藏书的主要功能就是"以备观览"。并且，《借书约章六条》还对图书的流通、借阅作了相应规定，"切勿墨污、破损、遗失"，"（阅者）不得久留不缴"，"（阅者）须缴还再借"，设《借书总簿》，借出归还时作详细登记。《学堂备用印单簿籍总目》之"存件簿"就包含"学生借书底簿一册"。这些关于图书利用的约章规定和借阅登记簿籍，正是福州东文学堂藏书流通借阅图书的实证，也是福州东文学堂图书室具有近代化特征的显著标志。实行开放借阅，这是福州东文学堂图书室与中国古代藏书楼的"藏而不用"或"重藏

---

① 谢灼华：《中国图书史与中国图书馆史》，湖北省高等学校图书馆工作委员会等编，1985年，第275—276页。

② 王孝绳：《福州东文学堂三年报告汇编·学规九条(己亥更定)》，第32页。

轻用"截然不同之处。

（二）藏书楼在服务对象上突破传统藏书楼的服务范围，面向社会士大夫和部分市民开放。清代传统的藏书楼可分为官办和私人。官办藏书楼则以清代七大官办藏书楼著称。

表 2　清代七大藏书楼情况简表

藏书楼名称	地处位置	始建年代	主要藏书	开放对象
文津阁	河北承德避暑山庄	乾隆三十九年（1774）	乾隆四十九年抄写完成的《四库全书》一部、《古今图书集成》万卷、《御制诗》四集	皇家贵族
文渊阁	北京故宫	乾隆四十年（1775）	约二万余部，近百万卷	皇家贵族、庶吉士、大学士、翰林院
文源阁	北京圆明园	乾隆四十年（1775）	六万卷，每卷首钤"文源阁宝"	皇家使用
文宗阁	江苏镇江	乾隆四十四年（1779）	乾隆五十二年抄写完成的《四库全书》一部、《古今图书集成》	江浙士子
文汇阁	江苏扬州	乾隆四十五年（1780）	乾隆五十二年抄写完成的《四库全书》一部、《古今图书集成》	江浙士子
文澜阁	浙江杭州	乾隆四十七年（1782）	乾隆五十二年抄写完成的《四库全书》一部、《古今图书集成》	江浙士子
文溯阁	辽宁沈阳故宫	乾隆四十七年（1782）	乾隆四十七年抄写完成的《四库全书》一部、《钦定古今图书集成》	皇家贵族

清代私人藏书楼以山东聊城杨以增的海源阁，浙江归安陆心源的皕宋楼，浙江钱塘丁申、丁丙的八千卷楼和江苏常熟瞿氏的铁琴铜剑楼为代表。这四大私人藏书楼并未对社会大众开放，开放对象有限。比如，海源阁的藏书轻易不准人看，重在"藏"。皕宋楼将宋元本的珍藏典籍严密保护，置于十万卷楼，普通抄本等放在守先阁，向一般学人开放。陈剩勇在《浙江通史》中认为："无论是官办藏书楼还是民间私人藏书楼，其与现代公共图书馆的最根本的差异在于，古代藏书楼所收藏的书籍，大多不面向社会，不对公众开放。"①

（三）藏书内容上，突破传统藏书楼的经、史、子、集内容，补充了新学、西学图籍。《借书约章六条》并未用明显的字词指出该学堂图书室的藏书内容，但是从三明学院图书馆"闽师之源"文献室藏的福州东文学堂存世书目来看，有很大一部分图书是新学、西学图书。所谓新学，在清末指西学，具体来说是指清末至五四运动爆发，从西方传入的资产阶级新文化，包括社会政治学说和自然科学。与新学相对而言，传统学术则称为"旧学"。由此看来，福州东文学堂藏书中有相当部分为西学藏书。笔者根据藏书内容整理出表3《福州东文学堂部分藏书类目明细表》。

---

① 陈剩勇:《浙江通史(第7卷)·明代卷》，浙江人民出版社2005年版，第333页。

表3　福州东文学堂部分藏书类目明细表

藏书类目	藏书题名
法律	日本法制史
	日本法令预算论
	法典论（全）
	第三版刑法析义各论之部（上卷）
生物	新文化丛书·达尔文物种原始
化学	分析化学
	化学工业大要
	化学
教育	希腊教育史·大教育家（第二编）
	东洋西洋教育史
	习惯教育法（全）
经济	经济志丛·商业政策（全）（第二编）
	二十年来经济世界之景况
	商业史教科书·外国之部
历史、地理	野史（一至六十三）
	西洋历史年表（上卷）
	东洋通史
日语	国语科教授用发音教授法
	修辞学
算术	新撰代数学
	几何学小教科书·立体几何学
	初等代数学练习问题（第一辑）
哲学与宗教	西洋哲学史
	外道哲学（全）
	早稻田丛书·哲学史要
	宗教哲学

（续表）

藏书类目	藏书题名
文学	书翰文典
	用文独案内
	最近海外文学续编
政治	议会及政党论
	美国总统威尔逊合议演说
	国家学
物理	中学物理学教程（下卷）
	物理学（上卷）
	物理般论
工业	工业丛书·水及油
	工业丛书·机关车
	工业丛书·陶器制造化学

据表3可知，福州东文学堂藏书的类目分别涉及法律、生物、化学、教育、经济、历史、地理、日语、算术、哲学与宗教、文学、政治、物理、工业，藏书内容基本都是介绍日本或西方国家的社会科学及自然科学的知识，是为新学。故福州东文学堂图书室的藏书已经突破传统藏书楼的经、史、子、集内容，补充了新学、西学图籍，具备近代图书馆的特征。

（四）藏书管理上，突破传统藏书楼的束缚，制定较为科学有序的规章制度。福州东文学堂的《借书约章六条》虽然篇幅简短，字数不多，总共六条，却不失完备。仔细分析，福州东文学堂图书室的藏书管理措施，主要有以下几个方面：

1.编制藏书目录。在《奏定学堂章程》对大、中、小学堂图书馆的行政、业务和职员作出具体规定之前，1898年七月开始办学的福州东文学堂就已设立图书室，并根据四部分类法，分部类编制藏书目录，著录藏书的卷数、本数、版本、捐赠人等字段信息，形成《福州东文学堂藏书总目》。后因学堂办学时间短暂，很多办学资料散佚，虽未能见到藏书总目的详细情况，但从《借书约章六条》的"立总目一本"中可以证实当时确已编制目录，符合图书馆近代化特征。

2.藏书日常查检制度。按照规定福州东文学堂图书室每四周日查检藏书一遍，借阅者无论是否阅读完毕，都必须先行缴还，以免图书遗失。1896年创办的南洋公学实行按季查检。1898年创办的京师大学堂先后实行"每季及暑假、年假放学日期前一日，均由提调督饬收掌、供事按照目录查检一次，有无遗失、伤损，注明册内，照章办理"[1]，查检藏书的遗失、伤损情况。这种管理措施类似后来的书库日常巡查。福州东文学堂的查检规定与同时期各类藏书楼的做法一致，具备该时期图书近代化的特征。

3.实行闭架管理。因福州东文学堂经费紧张，其藏书很大一部分是由各绅董择要捐借，应该说藏书总量不是很充足，"每种只有一部"。为了满足学堂师生阅读使用需求，图书室实行了闭架管理，"各书不得携带外出，违者以犯规论"。《福州东文学堂三年报告汇编·汉文章程》："每日汉文之外，另以一小时学西文、算学，余暇随意取阅堂中所储书籍报章，惟不得携出堂外。"[2]

---

[1] 《京师大学堂藏书楼新定章程》,《大公报》1903-03-12（第258号）。
[2] 王孝绳:《福州东文学堂三年报告汇编·汉文章程》,第29页。

综上，福州东文学堂图书室是清末戊戌变法以来图书馆近代化进程中的一朵浪花，虽然学堂独立存在的时间并不长，它的藏书管理规章不如同一时期的南洋公学、京师大学堂藏书楼管理章程具体、完备，却是向后者参照学习的结果。作为福建最早的一所私立日语学校，地处省城福州，这使其站在了福建向西方学习的前沿阵地。学堂附设的图书室为了适应新式教育的发展需要，自觉地向国内已有的图书馆同行学习参照，并加以修改，是清末图书馆近代化进程的一个组成部分，与福建乃至全国图书馆近代化有着密不可分的联系。

第一，福州东文学堂图书室是中国图书馆近代化进程的参与者、见证者。该学堂创办于清末，此时国门洞开，中国正处于政治、文化、教育、科学技术深受西方科学技术影响的西学东渐历史文化背景。中国图书馆事业经历了 19 世纪 40 年代近代图书馆思想传入的萌芽阶段，也通过戊戌变法将近代图书馆思想付诸实践，创办各类具有明显近代色彩的学会、学堂藏书楼，福州东文学堂图书室便是其中一所。它是随着学堂的创办，参照了其他学堂（南洋公学）规制，为满足教学使用需要而附设的，从藏书功能、服务对象、藏书内容、藏书管理几个方面体现出那一时期图书馆的近代化特征，参与、见证了中国图书馆近代化进程。

第二，福州东文学堂图书室也是中国图书馆事业近代化进程的推动者。福州东文学堂的创办本身是参照南洋公学的规制，其附设的图书室也是参照南洋公学藏书楼管理的，本章第一部分已作相关研究。通过前述部分的研究发现，福州东文学堂图书室不仅学习了南洋公学藏书楼的管理措施，也在其基础上进行修改完善，力图方便师生借阅。这些举措有利于图书的管理，方便借阅使用，与近代图书馆的主要功能一致，即最大限度地利用藏书，福州东文学堂图书室管理措施的改进是为中国图书馆近代化作出的探索、努力，是中国图书馆近代化进程的推动者。

第五章　福州东文学堂藏书
与清末福建教育近代化

福州东文学堂开堂办学时正处于戊戌变法时期，其本身是戊戌变法对全国乃至各省教育变革的产物。作为学堂的附设机构，福州东文学堂图书室也是为了适应新式教育的需要而设立的，其初衷是方便学堂师生学习东文。本章结合福州东文学堂藏书主题与学堂开设的课程情况，通过揭示二者之间的关系，从而探究福州东文学堂藏书与清末福建教育近代化之间的关系，探寻福建教育近代化的发展轨迹。

第一节　福州东文学堂藏书与学堂课程

为了保障学堂教学需要，福州东文学堂同时附设了图书室，藏书供在堂学习教学的生徒和教习使用。笔者结合三明学院图书馆旧藏的"闽师之源"文献中的"福州东文学堂藏书"及《福州东文学堂三年报告汇编》中的相关内容，对福州东文学堂藏书的主题及学堂课程作专门研究，为深入剖析藏书与这一时期福建教育近代化作研究基础。

一、福州东文学堂藏书的主题

在第三章"福州东文学堂藏书的特点"第五点"藏书主题契合学堂办学需求"中，笔者已经对藏书主题做了简要归纳，经过汇总整理出《福州东文学堂藏书学科类别、种数汇总表》。该表根据第四章第二节"福州东文学堂藏书与图书馆近代化关系分析"部分的《福州东文学堂部分藏书类目明细表》总结得来，可见学堂藏书的类目涵盖了社会科学和自然科学，具体涉及法律、生物、化学、教育、经济、历史、地理、日语、算术、哲学与宗教、文学、政治、物理、工业。这些类目即为藏书的主题，从内容上看，都属于清末新学（又称西学）的范畴。

清末"新学"一词的出现与运用和甲午中日战争关系紧密。甲午中日战争清朝战败，这对一直以来处于天朝上国的清朝来说不啻为当头一棒，清政府统治阶级内部开始深刻反省，并意识到学习西方科学知识和技术的重要性。为了救亡图存，急需学习、吸收大量的西方科学技术。冯自由在《〈政治学〉序言》中说，时人对当时的社会政治形势作了如下描述："庚子重创而后，上下震动，于是朝廷下维新之诏，以图自强，士大夫惶恐奔走，欲副朝廷需才孔亟之意，莫不曰新学、新学。"①清末新学的内容，主要是指当时中国急需的救国图存的各类社会文化和自然科学知识。新学传播的文献载体有两种，一是译书，一是国人自著的图籍。新学的广泛推广与传播和清末教育近代化关系密切。

---

① 　冯自由：《〈政治学〉序言》，载《政治学》，广智书局 1902 年版。

从中国古代传统教育到近代教育,这个过程并不是一步到位的,而是循序渐进的,其中不可忽略的一个阶段便是新式学堂在全国各地的纷纷设立,这类学堂被称为"新式学堂"。和传统学堂相比,新式学堂最大的特点就是新旧思想贯穿学堂创办始终,具体体现在课程开设方面。新式学堂既开设经学、修身养性的必修课程,初等、高等小学堂还开设中国文学、算术、历史、地理、格致、体操及图画等课程;中学堂开设中国文学、外语、历史、地理、算学、物理、化学、法制等课程。《福州东文学堂三年报告汇编》载:"斯堂虽小,略有规模,不无成效。凡堂中规约之斟酌,款目之筹画,官私文牍、新旧课程,胥三年中志士学人之苦心所结,有不可尽没者。"[①] 这里明确指出,学堂开设有"新旧课程",说明福州东文学堂就是这一时期设立的新式学堂。另外福州东文学堂开设各种东文课程和汉文课程也是该学堂作为新式学堂的实证。

为了契合这所新式学堂的教学服务需求,福州东文学堂图书室在其藏书配置方面比较注重藏书主题的分布。根据《福州东文学堂藏书学科类别、种数汇总表》得知,藏书主题涵盖了法律、生物、化学、教育、经济、历史、地理、日语、算术、哲学与宗教、文学、政治、物理、工业,可谓门类齐全。虽然福州东文学堂图书室藏书总量有限,但却尽量做到面面俱到,均有涉及。这是为了有效配合学堂生徒、教习的学习、教学参考需要,方便生徒掌握西方科学技术知识。

---

① 王孝绳:《福州东文学堂三年报告汇编》,福建师范大学图书馆古籍部藏,光绪二十七年(1901)抄本,第151页。

二、福州东文学堂开设的课程

（一）福州东文学堂开设课程的依据

福州东文学堂作为福建最早设立的一所日语私立学校，同时也是一所新式学堂。学堂于光绪二十四年（1898）七月二十一日举行开学仪式。在《福州东文学堂三年报告汇编》的《东文教习演说开学大旨》中明确指出了学堂的办学宗旨，即"兴实学"，学习东文，培养"实用之人材"，达"强国富民之道"。为了实现这个办学宗旨，学堂颁行《东文章程》和《汉文章程》，这两份章程都规定开设相应的具体课程。学堂颁行这两份章程的依据是什么？笔者仔细解读、分析《福州东文学堂三年报告汇编》后，在《东文教习演说开学大旨》中找到了开设课程的依据。现将其归纳总结如下：

1. 清末统治阶级维新之士纷纷倡导讲实学，兴实学风气大振。学习推广实学，已经成为那一时期各学堂学会办学的时代潮流和大势所趋，构成福州东文学堂学习推广实学、新学的历史背景。只有做到讲实学，方能培养人才，培养人才才能达到强国富民目标。"强国富民之道莫急于养人才，养人才之法莫先于兴实学。方今中国明流之士频倡讲习实学之说。学堂学会之设起于直省，刊报译书之举行于内地，孜孜矻矻讲实学、论时务，风气一发，声达九重。遂至扩各省书院之制，以兴新学变科场之例。"①

---

① 王孝绳:《福州东文学堂三年报告汇编·东文教习演说开学大旨》，第14—15页。

2. 福州东文学堂取范于日本。日本自维新变法以来三十余年,倡导实学,革新开国,取得实效。日本革新措施之一便是兴教育,学习推广实学。故讲实学、新学成为学习日本的必然之势。"窃思日本三十年间历史,总系革新开国之事,亦有可采以为模范者。日本之中学别为二门,曰普通学,曰专门学。普通学者,圣训、修身、传文章、算学、格致、外国语言文字诸学。他日各执专门学之资科总要,习养小学、中学之制,皆属之矣。专门学一科,专门学也,曰政治,曰法律,曰理财,曰文学,曰医学,曰理学,曰化学,曰天文舆地,曰农学,曰商学,曰工学,皆得普通学科之后,随志所欲,各择一学而习之。"[①]

正是由于上述原因,福州东文学堂将讲实学、习东文、培养实用人才作为办学目标。正如《东文教习演说开学大旨》所述:"吾东文学堂应时而建,起于福建省福州府省会之区。欲讲求实学,而取范于日本,以习东文为宗旨,用意亦良美矣。学规章程应机渐变,推而广之。效日本中学之制,设普通学术之课,欲使学者养他日入专门之素。夫修普通学不习专门学,其用不广,不修普通学竟习专门学,欲入无由也。故非并习普通、专门之二门,未可谓究实学之真相,不究实学之真相者非实用之人材,非实用之人材,何以得讲强国富民之道哉?吾党奋然立志以学东文,不徒言语文字小效而已。习得普通学课之后,举凡政治、法律、理财、文学、医学、理学、化学、天文舆地、农学、商学、工学,从所自择,修之习之,以究实学之真相,以

———

① 王孝绳:《福州东文学堂三年报告汇编·东文教习演说开学大旨》,第15—16页。

讲强国富民之道,庶几使千载一遇之革新不归空论,而后以实用人材待之而无愧也。诸生其勉之。"①学堂效法日本中学之制,颁行《东文章程》,设普通学,后习专门之学。

(二)福州东文学堂《东文章程》相关课程

《东文章程》"学概"部分说明,福州东文学堂的东文学科分为两门,一为预习科,一为本科。预习科主习语言学,一周年为限;本科除学习语言学外,兼学普通学,以两年为限。预习科分为两期,即前期、后期。本科分为二学年,即为第一学年、第二学年。

福州东文学堂的预习科主要是学习东文,即日语。除了学习日语外,还兼学数学、日文阅读。学习时间一年,分为前期和后期,其中前期又分为前三个月和后三个月;后期分为前三个月和后三个月。预习科设置的前后期课程具有延续性,在后期将"习字"改为"学文"。福州东文学堂的《东文章程》规定,预习科每学期结束时举行期末考试,分优劣等次,平时的品行、假期、勤怠由教习随时考察奖励。初学时,每天东文课时暂定为四小时,作息时间安排为辰正、斋集、午正、散学四项,周日为休息日。学堂还订立详细明确的课程计时表,笔者将其整理如下:

---

① 王孝绳:《福州东文学堂三年报告汇编·东文教习演说开学大旨》,第17—18页。

表 1 福州东文学堂东文每周课程表

时刻 曜日	辰正至巳初 （8点至9点）	巳初至巳正 （9点至10点）	巳正至午初 （10点至11点）	午初至午正 （11点至12点）
月曜 （星期一）	发音法	实物语	常用语	习字
火曜 （星期二）	发音法	实物语	常用语	记言
水曜 （星期三）	发音法	实物语	言语用法学	习字
木曜 （星期四）	发音法	实物语	常用语	记言
金曜 （星期五）	发音法	言语用法学	常用语	习字
土曜 （星期六）	复习	记言	听讲	

　　福州东文学堂《学堂约章六条》，其中第五条规定："延聘各教习到学后，课程由浅而深，每三月一更定。"[1]由此可知，福州东文学堂东文课程的设置遵循了语言学习的规律，从发音到字形，从语法到阅读，从阅读到翻译，循序渐进，逐步深入。预习科毕业后，本科学的课程则另刊。据《东文章程》规定，本科除了上述课程外，还需学习普通学。

　　何谓普通学？《福州东文学堂三年报告汇编》未作具体解释，其内涵不明确。笔者通过查询相关资料，发现梁启超先生已对其作了较为详细、全面的介绍。据梁启超所述，他认为普通学是求学者的基础，凡求学者必须先治普通学。在此之前，

---

[1]　王孝绳：《福州东文学堂三年报告汇编·学堂约章六条》，第6页。

没有开设普通学的学校。梁启超将其置于这样一个学术地位：
"吾中国人畴昔既未一受普通教育，于彼中常见所通有之学识
犹未能具，而欲骤求政治、经济、法律、哲学等专门之业，未有
不劳而无功者也。"①梁启超根据当时日本现行中学校普通学
的情况，列举了普通学的具体课程，即伦理、国语及汉文、外国
语、历史、地理、数学、博物、物理及化学、法制、经济、习字、图
书、唱歌、体操及其他课程。其法制、经济两科，乃近年新增者，
前此无文②。普通学所涉及的课程较多，那是否所有课程学者
都要一一掌握？梁启超认为："以上诸学，皆凡学者所必由之
路，尽人皆当从事者也，除国语汉文一科，我国学者可勿从事
外，自余各门皆不可缺者也。大抵欲治政治学、经济学、法律
学等者，则以历史、地理为尤要，欲治工艺、医学等者，则以博
物、理化为尤要。然非谓治甲者便可废乙，治乙者便可废甲也，
不过比较之间，稍有轻重而已。"③

　　也就是说，普通学与专门学是相对而言的。普通学所学科
目较全面，为基础之学，是为日后专门学习作学科积淀。《东
文教习演说开学大旨》中有一句话较为恰当地概括了普通学
和专门学二者之间的关系："普通学者，圣训、修身、传文章、
算学、格致、外国语言文字诸学。他日各执专门学之资科总要，
习养小学、中学之制，皆属之矣。"④

---

① 梁启超：《梁启超全集（1）》，北京出版社 1999 年版，第 326 页。
② 梁启超：《梁启超全集（1）》，第 326 页。
③ 梁启超：《梁启超全集（1）》，第 326 页。
④ 王孝绳：《福州东文学堂三年报告汇编·东文教习演说开学大旨》，第
15—16 页。

1899 年六月十五日,福州东文学堂第一批预习科学生毕业。学堂专门组织了一场毕业考试,考察内容为福州东文学堂东文预习科课程,《福州东文学堂三年报告汇编》中录有《预习科一年毕业试成绩表式》,笔者据此整理出《福州东文学堂首批预习科毕业考试成绩表(前六名)》。

表 2　福州东文学堂首批预习科毕业考试成绩表(前六名)

一八九九年六月十五日

科目\姓名	品行	假期	翻译	读调	问答	小学	记音	汉文和译	文典	实物	寻常和译	寻常记音	勤怠	合计分数	名次
林　棨	98	100	98	100	100	100	96	99	100	100	495	399	100	1985	1
余祖钧	100	97	94	98	100	100	96	100	100	100	495	400	99	1979	2
卢葆铭	100	98.5	91	98	97	100	93	100	100	100	499	399	99	1976.5	3
余　达	100	97.5	96	98	100	100	97	94	100	100	493	394	100	1974.5	4
刘崇杰	100	97.5	98	98	96	90	96	96	100	100	499	397.5	100	1968	5
孙昌润	98	99.5	100	98	98	90	93	100	100	100	491	400	99	1966.5	6

从表 2 可知,品行、假期、勤怠三项内容未列入《福州东文学堂东文预习科课程安排表》,但是将其作为毕业成绩考察内容,足见学堂对学生品行修养的重视。《学规九条》规定:"勤惰分数以缺课之多寡为准,由各教习秉公登记。"为了保证勤怠分数的公正无误,《学规九条》还规定:"监院稽察出入考核勤惰功过,另簿按名分记,以便与各教习分数簿核对。另有监院规约公私假例分数表功过格备览。"[①]除上述三项之外,其余

考察项均在平时课程之列，但是分数权重并不均等。其中，翻译、读调、问答、小学、记音、汉文和译、文典、实物均为100分，寻常和译为500分，寻常记音为400分。学堂将这两门课程的分值加大，说明其在日语学习过程中的重要性，可称其为核心课程，体现了学堂的人才培养目标，即"本学堂以习东文为宗旨，初学教授日本语言文字，更进理解，再读日本新刻各书，以期贯通，为他日阅报译书专门之用"[①]。

　　在福州东文学堂办学的几年，据《东文章程》开设的相关课程是否一直遵照这样来运行的呢？笔者没有找到其他关于东文课程安排的资料，却在《福州东文学堂三年报告汇编》的《庚子十二月二十日表列九名》中发现了开设不同东文课程的情况[②]。笔者将其整理列表如下：

表3　福州东文学堂第二批预习科毕业考试成绩表（前四名）

一九〇〇年十二月二十日

科目 姓名	品行	假期	翻译	读调	会话	单语	记音	汉文和译	作文	默书	寻常和译	寻常记音	勤惰	合计分数
施景崧	100	97	95	90	93	90	93	90	90	100	867	786		2591
王学文	100	94	100	90	98	100	96	70	85	98	808	767		2506
吴霭仁	100	100	80	90	88	100	91	100	98	100	776	819		2542
叶在梓	100	97	92	85	90	95	83	95	100	92	731	852		2494

　　表3是庚子年（1900）十二月二十日举行的福州东文学堂

---

　　①　王孝绳:《福州东文学堂三年报告汇编·学堂约章六条》，第2—3页。

　　②　王孝绳:《福州东文学堂三年报告汇编·庚子十二月二十日表列九名》，第116页。

预习科第二批毕业考试成绩表。比较表3与表2,发现有几处不同。一是考察课程部分不一致。第一批预习科的问答、小学、文典、实物四门课,在第二批预习科开设课程中不再设置,而是改为会话、单语、作文、默书。二是寻常和译、寻常记音课程考察权重有所不同。在第二批预习科课程中,继续将其列为核心课程,并且加大了这两门课程的分值。三是福州东文学堂预习科依然很重视学生品行修养,只是在第二批预习科学生考试中,关于"勤怠"的成绩为空。总结这几处不同,可以发现其背后的信息,就是福州东文学堂非常重视日语学习,并且不断调整课程设置,探索更好的课程搭配,充分发挥核心课程的重要作用,以期能培养出更加实用的日语翻译人才。事实上,《学堂约章六条》也说明了上述情况:"其年长附学但习东文者,听堂中规条,悬牌备览,初拟或未周密,可随时酌改,来学者不得逾越。"①

福州东文学堂在办学进程中,不断调整课程设置,并且根据需求增设相关专业。1901年,福州东文学堂增设政治经济科,这也属于《东文章程》规定的本科阶段的学习内容。新开设的政治经济科课程,其具体课程的设置情况,在《福州东文学堂三年报告汇编》的《附辛丑改定功课表》中略有提及,笔者据此整理出《辛丑年(1901)东文课程表》,如下:

---

① 王孝绳:《福州东文学堂三年报告汇编·学堂约章六条》,第3页。

表4 辛丑年（1901）东文课程表

班次＼曜日		月曜（星期一）	火曜（星期二）	水曜（星期三）	木曜（星期四）	金曜（星期五）	土曜（星期六）
第一班（一名）	午初（11点）	历史	地理	经济	历史	地理	经济
	未正（14点）	算学	算学	算学	算学	算学	算学
第二班（十一名）	辰正（8点）	汉文和译	书取	汉文和译	书取	汉文和译	书取
	巳初（9点）	地理	历史	读本	地理	历史	尺牍
	巳正（10点）	翻译	文法	翻译	作文	翻译	作文
	午初（11点）	英文	英文	英文	英文	英文	英文
	申初（15点）	算学	算学	算学	算学	算学	算学
第三班（二十一名）	辰正（8点）	读本会话	读本会话	读本会话	读本会话	读本会话	读本会话
	巳初（9点）	会话	会话	会话	会话	会话	会话
	巳正（10点）	文法	作文	文法	作文	文法	作文
	申正（16点）	算学	算学	算学	算学	算学	算学
第四班（二十一名）	巳初（9点）	作文	文法	作文	文法	作文	文法
	巳正（10点）	读本会话	读本会话	读本会话	读本会话	读本会话	读本会话
	午初（11点）	会话	会话	会话	会话	会话	会话
	申正（16点）	算学	算学	算学	算学	算学	算学

据表 4 可知,1901 年福州东文学堂共招收四个班,每班人数一至二十一名不等。从四个班级的课程表可以看出,每个班级安排的课程不尽相同。历史、地理在一班、二班均开设,但历史、地理在一班应为其主要课程,所占课时占一半,算学则成为各班必学课程。根据《梁启超全集》中关于普通学的阐述[①],1901 年福州东文学堂第一班的学生当属主修政治经济学者,此课程安排系该年新增的政治经济科课程安排表。

(三)福州东文学堂《汉文章程》相关课程

作为一所新式学堂,福州东文学堂也同时开设了汉文课程,学习内容大都为"旧学"。福州东文学堂《汉文章程》规定了汉文课程的学习宗旨[②]。学堂根据汉文章程的宗旨,订立课程表,笔者将其整理如下。

表 5　福州东文学堂汉文课程安排表

时间＼科目	详表(三个月后适用)	简表(初学前三个月适用)
月曜(星期一)	讲经义、子书	经义、通鉴
火曜(星期二)	通鉴、文献通考	文献通考、历代世经文
水曜(星期三)	本朝圣训、名臣奏议、外国史	经义、通鉴
木曜(星期四)	讲经义、子书	文献通考、历代世经文
金曜(星期五)	通鉴、文献通考	经义、通鉴
土曜(星期六)	本朝圣训、名臣奏议、外国史	文献通考、历代世经文

根据表 5,可以得知福州东文学堂的汉文课程安排也同东文课程一样,每周学习 6 天,学习的内容主要包括经义、子书、

---

① 梁启超:《梁启超全集(1)》,第 326 页。
② 王孝绳:《福州东文学堂三年报告汇编·汉文章程》,第 26—27 页。

本朝圣训、名臣奏议、外国史、《通鉴》《文献通考》等。这里需要补充说明订立详表和简表的原因。从学习内容上看，详表较简表内容更充实。据载，设立详、简两份表，主要是因为考虑初学东文课程者，学习压力大。为了确保生徒对东文课程的消化、吸收，学堂特订立学习内容较少的简表："右表为本学堂定课，但开学前三月，初学东文颇苦繁难，不得不宽假温习，汉文课程暂从简略，另表列左。"①也就是说，简表适用于前三个月的东文初学者，三个月之后，启用详表。另外，《汉文章程》规定："每日汉文之外，另以一小时学西文算学，余暇随意取阅堂中所储书籍报章，惟不得携出堂外。"②

总之，综合福州东文学堂的《东文章程》和《汉文章程》安排的课程，入堂学习者，必须同时按照学堂制定的东文课程和汉文课程表学习，二者不能偏废其一。根据上述分析，学堂生徒一般周一至周六上课学习。据《福州东文学堂东文每周课程表》来看，生徒每天上午学习东文四个小时，一般涵盖四门东文课程，分别为发音法、实物语、常用语、习字、记言、言语用法学，每门课持续时间为一小时。其中周一至周五为上新内容时间，周六为复习时间。周一至周六下午学习汉文课程。汉文课之外，学习算学一小时。针对初学东文者学习东文苦繁的实际情况，学堂在前三个月制定学习内容较少的简单课程表，三个月后改为详表。另外，学堂也很注重学生的修养。生徒的品行、假期、勤怠由教习根据日常表现评定打分。东文、

---

① 王孝绳：《福州东文学堂三年报告汇编·汉文章程》，第28页。
② 王孝绳：《福州东文学堂三年报告汇编·汉文章程》，第29页。

汉文、算学各门课的评定考察分开进行,每三个月举行一次考试,并根据分数核定名次。各门课还要举行大考,分数另立表格,与平时考试区分,最后综合成绩优劣,择优给予奖励。

上述是根据《东文章程》《汉文章程》及相关资料综合分析之后得出的关于学堂课程方面的结论。这与学堂在己亥年(1899)更定的《学规九条》所作的要求相吻合,即:"学堂功课及晨起夜睡,早午晚三餐均定时刻,鸣钟为号,另有功课历时表,参看其东文、汉文、算学课程,分门列表,随时酌定。"[1]

第二节 福州东文学堂藏书 与清末福建教育近代化

近代图书馆事业的显著特征之一是藏书注重利用。各学会藏书楼的藏书一般供学会成员或会员使用,而学堂藏书楼或图书室藏书的使用对象一般为学堂师生。戊戌变法时期成立的京师大学堂藏书楼的服务对象为师范馆、仕学馆师生,福州东文学堂藏书的服务对象为学堂东文教习、汉文教习、生徒。福州东文学堂是参照上海南洋公学进行日常管理的,南洋公学藏书楼在国内图书馆界"开创我国高校藏书楼为教学服务的先河"[2],将学堂藏书与学堂教育紧密联系在一起,故福州东文学堂藏书与清末福建教育近代化也存在客观的联系,二者之间关系需深入分析、解读,方能揭示。

---

① 王孝绳:《福州东文学堂三年报告汇编·学规九条》,第30页。
② 《交通大学图书馆大事记》,清光绪二十三年(丁酉,1897年)版。

一、福州东文学堂藏书与清末福建教育近代化关系分析

中国教育近代化在清末逐渐开启,其正式开始是自壬寅学制和癸卯学制起。壬寅学制,原名《钦定学堂章程》,于光绪二十八年(1902)颁布,因颁布时间为旧历壬寅年,所以又称"壬寅学制"。癸卯学制,原名《奏定学堂章程》,于光绪二十九年(1903)颁行,因颁行时间为旧历癸卯年,故称"癸卯学制"。清廷颁布的这两部学制是中国教育近代化里程碑式的学制,前者颁行后未实际施行,后者则在全国实施推广,从此中国教育全面进入近代化阶段。

(一)福州东文学堂办学前后福建教育近代化概况

中国教育近代化正式开始于"癸卯学制"的颁行,然而各省在"癸卯学制"颁行之前,就已经陆续开始了近代化探索。福建船政学堂和福建教会学校对于福建教育向近代化转变发挥了重要作用。其先行者当属1866年闽浙总督左宗棠奏设的福建船政学堂,学堂设于省城福州马尾,与东文学堂同在福州。

1. 福建船政学堂

福建船政学堂又称"福州船政学堂""马尾船政学堂",是清末最早的海军学校。学堂初定名为求是堂艺局,学堂设前后两个学堂。前学堂专门学习船舶制造学,并教授法文,故称"法文学堂";后学堂则专门学习管理、驾驶,并教授英文,故称"英文学堂"。该学堂的学习时限为五年,为保证法文、英文、制造、管理课程的有效进行,学堂聘请英、法两国的教习。学

123

堂在开办的 47 年当中，培养了一大批符合近代化需求的人才，办学成效显著，因此福建船政学堂也被学界认为是清末福建教育近代化的先行者。学堂的近代化特征主要体现在教育思想、教育制度、教学内容、教学方法等方面。

（1）课程设置方面，学堂开设了初具近代特征的，有别于传统"旧学"的课程，形成了具有较明显近代特征的课程体系。学堂根据专业的不同，开设了不同的课程，如造船专业开设的课程有法语、算术、代数、画法几何、解析几何、三角函数、微积分、物理、机械学，驾驶管理专业则开设英文、算术、几何、代数、航海、天文学、航行理论和地理课程。这样的课程设置已冲破了中国传统教育的经学藩篱，教授学习外国语言文字和西方科学技术。课程的科学化是衡量教育近代化完成的基本指标，其学习内容本身具有的近代特征是近代教育的本质属性。

（2）在教学方法方面，福建船政学堂第一次运用近代教学方式方法。学堂在教学时注重实践，将理论与实践有机结合，旨在使学生做到懂理论、会操作。"出自学堂者，则未敢信其能否成材，必亲试之风涛，乃足以觇其胆智。否即实心讲究，譬之纸上谈兵，临阵不免张皇"①。

（3）首次建立留学生制度，冲破福建传统的封闭式教育格局。福建船政学堂根据学堂办学宗旨和人才培养目标，在充分认识到"中国仿造皆其初时期旧式，且师资不广，见闻不多，官

①《海防档》乙《福州船厂》（一），载《中国近代史资料汇编》，1957 年，第237 页。

厂艺徒已放手自制，止能循规蹈矩，不能继长增高"的客观事实后，提出"亟应遣令出洋学习，以期精益求精"[①]。学堂创办者沈葆桢则提出："前学堂习法国语言文字者也，当选其学生之天资颖异、学有根柢者，仍赴法国究其造船之方，及其推陈出新之理。后学堂学习英国语言文字者也，当选其学生之天资颖异、学有根柢者，仍赴英国深究其驶船之方，及其练兵制胜之理。"[②] 福建船政学堂在其办学的 47 年中，共派出四批留学生到英法学习深造。1877 年学堂派出第一批留学生，共计 30 名，翻译家、教育家严复即为福建船政学堂首批留学英国的学生。该学堂派留学生到外国学习，是当时福建教育的开创性举措，福建近代开放式的教育格局由此形成。

2. 福建教会学校

清末福建最早设立的一所教会学校为 1846 年约翰逊创办的保福山学校，即后来的福州格致中学。在第一次和第二次鸦片战争之后，清政府被迫签订了一系列不平等条约。这些条约都提出赔款、割地及开放通商口岸等条款，从此清政府自诩为天朝上国的美梦被打破，国门洞开，被迫开放沿海的一些城市。地处东南沿海的福建，福州和厦门也被迫开放，对外交流更加频繁。特别是在甲午中日战争后，统治阶级内部出现的维新派倡导学习西方，变法革新，客观上助推了学习西方的社会

---

① 陈学恂等：《奏闽厂学生出洋学习折》，载《中国近代教育史资料汇编·留学教育》，上海教育出版社 1991 年版，第 229 页。

② 陈学恂等：《奏闽厂学生出洋学习折》，载《中国近代教育史资料汇编·留学教育》，第 225 页。

风气。面对突如其来的西方文化冲击,社会上急需大批了解西方社会,掌握外语和近代工商业基础知识的人才。再加上大量传教士涌入福建,布道传教,于是以传教兼授外国语的教会学校在福建的主要城市涌现。陈永正《多学科视野中的闽都文化》认为:"从19世纪70年代至90年代末,福建教会学校急剧发展,创办了多所教会书院,教会中学的数量明显增加……教会学校开设的地区,从福州、厦门,扩展到莆田、漳泉、闽东等地。"①

　　福州东文学堂办学时期正处于教会学校在福建蓬勃发展的时期。教会学校是西方文化的载体,也是清末西学东渐的产物。这一时期福建教会学校的一个重要特征便是加强外国语言的教授学习。陈永正认为,英语成为福建教会学校吸引学生的一门招牌科目,"这是福建教会学校与其他地方不同的一个显著特点"②。除了传教和开设英语课程之外,教会学校还开设其他课程。例如,福州的圣马可汉英书院开设的课程除《圣经》外,还学英语、数学、国文课。1881年,由传教士麦铿利发起创办的福州鹤龄英华书院以兼习英文、汉文为宗旨,书院分为预科和正科。书院开设的课程,"以数、理、化、英为主……数、理、化、英所用的课本,皆是美国出版的原本"③。据《福州鹤龄英华书院章程·课程汇表》可知,正科第三学年开设的课

---

① 陈永正:《多学科视野中的闽都文化》,福建人民出版社2009年版,第73页。

② 陈永正:《多学科视野中的闽都文化》,第73页。

③ 朱有瓛等:《中国近代学制史料(第四辑)》,华东师范大学出版社1993年版,第328页。

程为英文、切字、代数学、西国史、身体学、作酬应函牍、唱歌、体操、国文、摹习西字等课程①。

综上，福州东文学堂办学时，福建教育已经逐步走向近代化。不论是先行者福建船政学堂，还是在福建各地创办的教会学校，其教育思想、开设课程、学校管理等方面都已经具备近代化的某些特征，虽未形成正式制度与统一做法，却体现出清末福建在教育方面的进步之势。这与清末福建所面临的内外形势有直接的联系，是为了适应清末西学东渐的社会发展趋势而被迫迈出的一步。福州东文学堂独立办学期间（1898—1903）正处于福建教育近代化进程，也具有这一时代学校近代化的共同特点，而福州东文学堂藏书则是其近代化的见证者。

（二）福州东文学堂办学的近代化特征

陈清辉在研究福建船政学堂与福建教育的近代化时，从课程设置、教学方法、留学生制度三个方面阐述了福建船政学堂具备的近代化特征。参照其分析方法来看，福州东文学堂具备的近代化特征与其相类似，主要体现在课程设置、管理方法、留学生制度方面。福州东文学堂的课程设置在本章第一节已作详细阐述，故不赘述，仅从留学生制度与学堂管理等方面加以分析。

1. 学堂的留学生制度

福州东文学堂在每学期末举行期末考试，以考试成绩分定

---

① 朱有瓛等：《中国近代学制史料（第四辑）》，第 337 页。

优劣等次，平时成绩由教习随时考察奖励，并且根据学生的日常表现和成绩情况确定出洋留学的名单，一般是品学兼优的学生才能获得留学资格。《己亥四月筹办续议十二条》中的第十一条规定："学者奋勉……并请毕业之后准为咨送出洋。"[①]也就是说，学堂应为勤奋学习者代为办理咨送出洋事宜。紧接着第十二条规定："一年二年期满，大考之后，付给分单，先由学堂选择优等列名报官，为出洋肄习专门地步，每人每年需用三百圆经费，寒畯之士，心殷力绌，亟应预为筹及，以期玉成。其能自备资斧者，随时皆可代为呈请，咨送出洋。惟须由学堂已给品学兼优分单者方允代送。"[②]这两条规定明确了福州东文学堂实行的留学生制度，并且根据学生不同情况，为学生办理出洋留学提供帮助。

福州东文学堂的留学生可分为两种：一为公费，即"学堂代备"，每年名额为二三名；一为自备资费。学堂为上述两类留学生提供相应的帮助。光绪二十六年（1900）十二月二十五日，福州东文学堂订立《简明新章四条》，规定："每年秋季，均由堂选定二三名，援案禀请咨送出洋游学，其经费本堂代备，愿自备者听。"[③]对于能自备资费者，学堂代为请咨向钦差大臣出使日本国大臣办理出洋留学事宜；对于家境贫寒不能自备资费者，学堂则将其名单上报朝廷，争取公

---

① 王孝绳：《福州东文学堂三年报告汇编·己亥四月筹办续议十二条》，第67页。

② 王孝绳：《福州东文学堂三年报告汇编·己亥四月筹办续议十二条》，第68页。

③ 王孝绳：《福州东文学堂三年报告汇编·简明新章四条》，第141页。

费出洋留学名额。《船政大臣续送出洋学生咨驻日钦使文》就是关于福州东文学堂学生到日本留学的请咨函件，全文如下 ①：

> 兵部尚书、闽浙总督兼理粮饷盐课，管福建巡抚事，兼管船政大臣，兼总理各国事务大臣许为咨明事：
>
> 照准日本领事官丰岛舍松来函：有福州东文学堂毕业生刘荃业，日内自备资斧赴敝国游学，以广见闻。惟查旧年该学堂毕业学生二人出洋游历，曾蒙赏给六品顶戴，并咨驻日钦差大臣在案。今该生刘荃业事符前案，请查照旧案，除给咨文外，可否援案仍赏给六品顶戴，以鼓其勤等因。查学生出洋学习，系奉上日举行，旧年闽省船政学堂遴派学生赴日时，曾据船政提调沈道禀请东文学生林榮、刘崇杰二名自备资斧，随赴东洋游学，当经如请，并各准给功牌在案。兹刘荃业由东文学堂毕业，请自备资斧赴东游学，实属有志向上，应准咨前往。除准赏给六品功牌发领外，相应咨明。为此合□贵大臣请烦查照一体照料，见复施行。须至咨者。
>
> 钦差出使日本国大臣李
> 光绪二十六年九月二十九日

---

① 王孝绳：《福州东文学堂三年报告汇编·船政大臣续送出洋学生咨驻日钦使文》，第80—81页。

福州东文学堂办学 5 年多，派出的留学生有：刘崇杰（历任福建政法学堂监督兼教务长、教育部福建学务视察员、驻德公使）、刘荃业（光绪二十九年九月自费赴日深造）。福州东文学堂还对从本学堂毕业后去留学的学生作调查，掌握学生留学情况。学堂创办后翌年，就进行过一次调查，刘崇杰、刘荃业等就在此列。笔者根据《福州东文学堂三年报告汇编》中的《二年毕业学生调查表》整理出《1899 年福州东文学堂留学生统计表》。

表6　1899 年福州东文学堂留学生统计表

项目 姓名	到堂 年月	去堂 年月	游学 地点	就学学校	专门 某学	游学 资斧	政府 奖励	官私 照料
林 棨	1898.7	1899.8	日本 东京	(第一年)同文书院 (第二年)政治学校	普通政 治学	有志家补助、 福州学堂东亚 同文会补助	船政大臣 赏六品顶 戴执照	船政大臣汇 咨驻日钦使 照料
刘崇杰	1898.7	1899.8	日本 东京	(第一年)同文书院 (第二年)工业学校	普通工 业学	自备	船政大臣 赏六品顶 戴执照	船政大臣汇 咨驻日钦使 照料
刘荃业	1898.7	1900.9	日本 东京	成城学校	陆军学	有志家补助	船政大臣 赏六品顶 戴执照	船政大臣专 咨驻日钦使 照料

2. 学堂的管理

作为私立的新式学堂，为了实现办学宗旨，取得办学成效，学堂实行严格的管理制度。学堂在办学之初就制定《学堂约章六条》。此份约章首先明确了学堂的办学宗旨，即"以习东文为宗旨"；其次确定学堂的名额和对象，"三十人满额"，招生对象为"年十五岁以上三十岁以内，文理通顺者"；第三为确定收费标准,束脩"遇闰照加","伙食每月二元四角",以及确定学习用品及生活用品的收费标准;第四为经理之职责;第五为学规的拟定修改,"堂中规条牌悬备览,初拟或未周密,可随时酌改";第六为学堂的筹备事项。

在学堂办学第二年即 1899 年,学堂更定了《学规九条》。《学规九条》较之前条文更具体,要求更明确。主要内容为:一、学堂的作息规定,"学堂功课及晨起午晚三餐均定时刻,鸣钟为号";二、课堂纪律要求,"授课之时均宜端坐静听,未能明晓者起立,从容请质,不得傲慢呼问";三、饭后课间休息,"饭后散步只在堂内,不得出门,诵习时不得串房,致扰他人功课,定时安睡",等等;四、学堂内禁止吸烟,"堂内不得吃水旱烟";五、堂内携带物件,"随带物件足用而已,无取铺张";六、接待亲友来访事项,"由门丁通报就见,闻撞钟授课,不得久陪";七、各门功课分数评定;八、监院之责,"稽察出入,考核勤惰功过";九、学规设立目的及依据,"整饬学堂而设,参用南洋公学"[①]。

3. 学堂办学的公正民主

值得注意的是,作为区别于传统书院的新式学堂,下述几个方面体现了学堂的民主公开思想,这与近代社会提倡的民主、自由相吻合。(1)在经费管理方面,《学堂约章六条》之末,就规定"全堂所有出入之款,年终总结,分目登报,以昭大信";在学堂筹备接收捐赠事项方面,也是明确了程序,"捐助款目

---

① 王孝绳:《福州东文学堂三年报告汇编·学规九条》,第30—32页。

或书籍图器捐置堂中,由经理人收存记付据为凭,随时登报,以襄盛举"[1];《监院规约九条》第八条规定,全堂出入款目发付杂事皆有定表,如有临时购置等情形,由监院发条盖戳,方可交司事照办,不得专擅。(2)在学生成绩评定方面,也做到用制度约束,以保证学生成绩评定的公正无误。学堂规定,东文、汉文、算学各立分数簿,登记分数。各科分数以学问的优劣为准,勤怠的分数以缺课多少为准,这些分数由学堂各教习秉公登记。为了保证教习评定分数的公正无误,由监院按名字检查核实勤怠、功过情况,以便于与教习评定的分数簿核对。《功过分数条规》规定:"其功课分数由各教习按班次之新旧高下随时酌定,列表明示,以昭公允。"[2]

综上所述,福州东文学堂办学所处的时期,也是福建教育逐步近代化的时期。与同时期的福建船政学堂、福建各地的教会学校一样,福州东文学堂开设外国语(东文)课程,同时开设算学、西方社会科学、自然科学课程,也派出留学生以广见闻,所以说福州东文学堂既是清末福建教育近代化的见证者,也是参与者。福州东文学堂为了实现其具有近代化特征的办学宗旨和目标,学堂极尽所能,从捉襟见肘的办学经费中挤出费用购置日文原版书,也通过学堂绅董和日本相关人士的捐助,配备了供在堂教习与生徒阅读之用的图书。这些藏书不仅是学习东文有力的辅助图书,也是传播西方科学技术知识的文献桥梁,与福州东文学堂的近代化、清末福建教育事业的近代化紧

---

① 王孝绳:《福州东文学堂三年报告汇编·学堂约章六条》,第5—8页。
② 王孝绳:《福州东文学堂三年报告汇编·功过分数条规》,第46页。

密联系在一起，它是福建教育近代化的见证者、助推者，通过其文献资源保障，为学堂教学服务，有力推动了福建教育事业的近代化。

第一，福州东文学堂藏书从文献保障角度助推了福州东文学堂具有近代特色的教育目标的实现。前述福州东文学堂的近代化特征之一就是开设具有近代教育色彩的外国语、算学及西方社会和自然科学课程。为了使学堂教学取得成效，学堂配备了与开设课程相契合的不同类目的图书，其目的就是为学堂教学、学生参考服务，这些钤有"福州东文学堂图书印"的藏书为学堂日常教学发挥了文献保障作用，助推了福州东文学堂乃至清末福建教育近代化进程。

第二，福州东文学堂藏书见证了福州东文学堂办学历程和历史去向，见证了福建教育近代化的进程。该学堂藏书不仅为当时师生教学学习提供参考，更是他们拓展学习视野，以期达到开眼看世界的工具。学堂虽规定留学生制度，但并非每一位在堂学习的生徒都能真正走出国门，出洋游学以广见闻。此时介绍传播西方科学知识的福州东文学堂藏书为他们架起了一座桥梁，通过阅读日本作者翻译的西方文化知识书籍，达到认识中国以外世界的目的。书籍中留下的批注、学习笔记见证了学堂生徒的学习经历，也是学堂办学的一个缩影。根据全国第一次可移动文物普查关于普查对象的规定，福州东文学堂藏书也属于历史文物。至今钤有鲜红印章的藏书作为当时办学的历史文物，见证了福州东文学堂的办学历史和学堂的历史去向，也见证了学堂近代化、福建教育近代化的历程。

二、福州东文学堂的文献资源保障功能分析

福州东文学堂图书室作为清末学堂附设的藏书机构，设立的初衷便是为学堂教习生徒服务，为学堂实现教学目标提供文献资源保障。什么是文献资源保障功能？《图书馆学百科全书》认为："文献资源保障（guarantee of required documents），是指一个国家、地区或机构供给文献资料，满足文献情报需求以支持经济建设、社会发展和科学研究的能力。"[①] 文献资源保障水平标志着馆藏建设文献资源建设的水平。根据文献资源保障的内容来看，一个藏书机构的藏书量多寡并不能作为衡量文献资源保障水平的唯一指标，而更应该注重文献资源本身的构成。一些藏书机构收藏总量不多，但由于馆藏针对性强、资料新、不收或少收复本，虽藏书保证率不高（图书馆界习惯将本馆读者人均拥有的藏书量称为藏书保障率，即：藏书保障率 $= \frac{\text{本馆总藏书册数}}{\text{本馆读者人数}} \times 100\%$ ），但供给专门文献资料，满足特定文献情报需求的能力却比较强。

根据文献资源保障的定义和内容反观福州东文学堂，我们可以大概知道其文献资源保障处于怎样的水平。留存的福州东文学堂藏书，在藏书总量上较少，藏书保证率较低，但因所藏图书基本都是针对学堂开设课程而配备，每种图书大都具有一份复本，基本能满足学堂教习和生徒参考、学习之需。接下来笔者根据《福州东文学堂三年报告汇编》等资料作具体分析。

---

① 周文骏:《图书馆学百科全书》，中国大百科全书出版社1993年版，第569页。

在福州东文学堂的《汉文章程》中，关于本朝政治的开设是这样规定的："本朝政治专书，习外国史，兼习西国专门之业新译之书。"这里的"西国专门之业新译之书"为学习内容，但无明确指向对象，实乃泛指。章程中亦无列举说明。这些西方新译的书籍并非教习教学所用之课本，而应指课堂教学以外的阅读内容。学堂生徒阅读的课本，即学堂图书室收藏的介绍西方科学文化知识的书籍，这些书籍均钤"福州东文学堂图书印"。另外，《福州东文学堂三年报告汇编·学堂约章六条》在阐明其宗旨时，指出学堂"初学教授日本语言文字，更进理解，再读日本新刻各书以期贯通，为他日阅报译书普通专门之用"①。这里的"日本新刻各书"指的就是学堂购置的日本新刻印的原版图书，包含了留存至今的福州东文学堂藏书。《汉文章程》的课程表之末，也提到"每日汉文之外，另以一小时学西文、算学，余暇随意取阅堂中所储书籍报章，惟不得携出堂外"②。这里的"堂中所储书籍报章"指的是福州东文学堂藏书，它不仅包括图书，还包括报纸。这些都是福州东文学堂藏书的文献资源保障功能的体现。笔者以存世的福州东文学堂藏书，结合学堂开设课程，整理出《福州东文学堂文献资源及保障课程明细表》。

---

① 王孝绳：《福州东文学堂三年报告汇编·学堂约章六条》，第2—3页。
② 王孝绳：《福州东文学堂三年报告汇编·汉文章程》，第29页。

表 7　福州东文学堂文献资源及保障课程明细表

藏书题名	保障课程
日本法制史	东文章程 / 本科 // 普通学 /// 法律
日本法令预算论	
改正府县制郡制并关系法规	
租税法规纂要	
行政警察法	
渔业法要论	
法典论（全）	
第三版刑法析义各论之部（上卷）	
法律教科书·平时国际公法	
刑事诉讼法新论	
第三版刑法析义各论之部（下卷）	
新文化丛书·达尔文物种原始	东文章程 / 本科 // 普通学 /// 生物
分析化学	
化学工业大要	
化学	
希腊教育史·大教育家（第二编）	东文章程 / 本科 // 普通学 /// 教育
东洋西洋教育史	
习惯教育法（全）	
经济志丛（第二编）·商业政策	东文章程 / 本科 // 普通学 /// 经济
二十年来经济世界之景况	
会计论纲：手续参照	
商业沿革史（上册）	
商业史教科书·外国之部	

（续表）

藏书题名	保障课程
野史(一至六十三)	东文章程 / 本科 // 普通学 /// 历史、地理
西洋历史年表(上之卷)	
东洋通史(第三卷)	
东洋通史(第四卷)	
东洋通史(第六卷)	
东洋通史(第十一卷)	
东洋通史(第十二卷)	
国语科教授用发音教授法	东文章程 / 预习科或本科之东文
修辞学	
改订初等代数学教科书(上卷)	东文章程 / 预习科或本科之算学
改订初等代数学教科书(下卷)	
订正三版中等补习算术	
算术小教科书(上卷)	
算术小教科书(下卷)	
新撰代数学	
几何学小教科书·立体几何学	
初等代数学练习问题(第一辑)	
哲学泛论	东文章程 / 本科 // 普通学 /// 哲学与宗教
日本阳明学派哲学	
宗教哲学	
日本古学派之哲学(全)	
中世哲学史纲	

（续表）

藏书题名	保障课程
西洋哲学史	东文章程 / 本科 // 普通学 /// 哲学与宗教
外道哲学（全）	
早稻田丛书·哲学史要	
宗教哲学	
书翰文典	东文章程 / 本科 // 普通学 /// 文学
支那文学史	
少年读本（第二十八编）	
少年读本（第五编）	
新撰汉文讲本（卷二）	
最近海外文学续编	
用文独案内	
议会及政党论	东文章程 / 本科 // 普通学 /// 政治
社会文库（第一编）·个人对国家论	
国家学	
中学物理学教程（下卷）	东文章程 / 本科 // 普通学 /// 物理
物理化学教科书	
中等物理学教科书	
物理学（上卷）	
物理学（下卷）	
物理般论	
工业丛书·水及油	东文章程 / 本科 // 普通学 /// 工业
工业丛书·机关车	

（续表）

藏书题名	保障课程
工业丛书·陶器制造化学	东文章程 / 本科 // 普通学 /// 工业
工业丛书·工场管理法	
工业丛书·道路学一斑	
化学工业大要	

注：根据《东文章程》规定，东文学科分为预习科和本科。"/" 标明藏书对应的保障学科，"//" 表明本学科之下的具体普通学课程，"///" 指普通学所包含的具体某一课程。

从表 7 可知，福州东文学堂藏书的文献资源保障功能主要体现在东文章程的不同阶段的课程中，有预习科、本科。预习科主要有日语学习的系列课程，如修辞、语法、发音和算学，而本科以二周年为限，除了学习日语系列课程及算学外，还兼习普通学。普通学涵盖范围更广，梁启超列举了当时日本现行的中学普通学科目，包括伦理、国语及汉文、外国语、历史、地理、数学、博物、物理及化学、法制、经济、习字、图书、唱歌、体操等科，还有一些科目与读书关联性不大，此处省略不记。从普通学的内涵可知，藏书的文献资源保障集中体现于对本科阶段普通学的各门课程的补充扩展，据表 7 所示，主要为本科普通学之法律、生物、化学、教育、经济、历史、地理、日本语、算学、哲学与宗教、文学、政治、物理、工业。

综上所述，福州东文学堂藏书既是学堂教育、清末福建教育近代化的见证者、参与者、助推者，与之关系密切，同时在完成学堂日常教学过程中较充分地发挥了文献资源保障功能。

第六章　福州东文学堂藏书个案研究

虽然福州东文学堂藏书流传存世的数量不多,但通过前述章节的阐述分析,发现其中不乏时代特点,例如学堂藏书的语种基本都为日文原版图书,图书的出版机构集中于当时日本主要的几大出版社等。笔者结合学堂办学的历史背景等因素对其展开个案研究,以深入了解东文学堂办学的历史。

第一节　福州东文学堂藏东京博文馆图书

在第三章《福州东文学堂藏书概况》中,笔者总结了福州东文学堂藏书的特点,其中之一便是藏书的出版机构呈现相对集中与零散分布的特点。在留存的学堂藏书中,东京博文馆出版的图书比例近30%,是值得深入分析的。笔者根据福州东文学堂藏书留存情况,截取东京博文馆出版的部分作专门研究。

表 1　福州东文学堂藏东京博文馆图书书目

题　名	出版年
西洋哲学史	明治三十四年(1901)
新撰代数学	明治三十五年(1902)
农用器具学	明治三十五年(1902)

（续表）

题　名	出版年
少年读本（第二十八编）·松平伊豆	明治三十三年（1900）
少年读本（第五编）·曲亭马琴	明治三十二年（1899）
提要造林学	明治三十二年（1899）
分析化学	明治三十四年（1901）
工业丛书·水及油	明治三十四年（1901）
工业丛书·机关车	明治三十四年（1901）
工业丛书·陶器制造化学	明治三十四年（1901）
工业丛书·工场管理法	明治三十五年（1902）
工业丛书·道路学一斑	明治三十五年（1902）
日本法制史	明治三十三年（1900）
修辞学	明治三十三年（1900）
社会文库（第一编）·个人对国家论	明治间（1868—1912）
改正府县制郡制并关系法规	明治三十二年（1899）
东洋西洋教育史	明治三十三年（1900）
租税法规纂要	明治三十二年（1899）
议会及政党论	明治三十五年（1902）
宗教哲学	明治间（1868—1912）
支那文学史	明治三十一年（1898）
日本法文学史料（卷四）	明治三十二年（1899）
行政警察法	明治三十四年（1901）
哲学泛论	明治三十二年（1899）
东洋通史（第三卷）	明治三十六年（1903）
东洋通史（第四卷）	明治三十六年（1903）
中国百科全书第五编·宗教哲学	明治三十六年（1903）

根据上表及第三章相关分析发现，明治维新时期东京博文馆出版的图书已经成为福州东文学堂藏书的很大一部分。东京博文馆出版的日文图书为何成为学堂藏书的首选，与该出版社及学堂教习有何联系呢？

一、东京博文馆

随着 1868 年成立的明治政府的"脱亚入欧，富国强兵"政策的推行，近代日本出版业迎来了它的春天，日本国内涌现出了一大批出版机构，东京博文馆便是其中一所。"值得一提的是于 1887 年创立的博文馆，它构建了杂志王国。创立者大桥佐平凭借各种杂志的惊人发行量在出版史上缔造了博文馆时代，留下了浓墨重彩的一笔"[1]。

1. 东京博文馆概况

博文馆的创始人为大桥佐平（1835.12.22—1901.11.3）。明治二十年（1887）6 月 15 日大桥佐平创立了博文馆，开创了"杂志王国"，由此日本出版业进入了杂志企业化运作时代。在创立当天，博文馆的《日本大家论集》（月刊）创刊。随后陆续出版了《日本之法律》《日本之时事》《日本之少年》等杂志。1895 年，博文馆出版综合杂志《太阳》，成为"东洋无比大杂志"。据《日本出版百年史年表》载："（博文馆）标榜薄利多销主义，出版了许多杂志、图书，开展了出版史上'博文馆时代'的出版活动。"[2] 笔者根据《日本出版百年史年

---

① 〔日〕山本武利：《广告的社会史》，第 163—164 页。

② 《日本出版百年史年表》，日本书籍出版协会 1968 年编，第 125 页。

表》整理出自 1887 年
6 月东京博文馆创立以
来至 1903 年十二月福
州东文学堂改组扩充
为全闽师范学堂期间，
东京博文馆创办的期
刊杂志汇总表如下：

图 1　《太阳》杂志书影

图 2　东文学堂生徒

图 3　福州东文学堂福岛少将与福
州绅董

表 2　东京博文馆创办期刊汇总表

序号	刊　名	创刊时间	出版频率
1	日本大家论集	1887.6	月刊
2	日本之商人	1887.10	月刊
3	日本之殖产	1888.1	月刊
4	日本之法律	1888.2	月刊
5	日本之时事	1888.4	半月刊
6	日本之兵事	1888.5	月刊
7	日本之警察	1888.12	月刊
8	日本之少年	1889.2	半月刊
9	江户会志	1889.8	月刊
10	国会	1889.10	月刊
11	富国	1890.1	半月刊
12	日本之文华	1890.10	半月刊
13	日本商业杂志	1890.10	半月刊
14	寻常小学·幼年杂志	1891.1	半月刊
15	妇女杂志	1891.1	半月刊
16	日本全国小学生徒·笔战场	1891.3	月刊
17	日本农业新志	1892.1	月刊
18	日本教育杂志	1892.6	月刊
19	学生笔战场	1894.1	半月刊
20	文艺共进会	1894.1	月刊
21	日本图书月评	1894.7	月刊
22	日清战争实记	1894.8	旬刊
23	少年世界	1895.1	月刊
24	太阳	1895.1	月刊
25	文艺俱乐部	1895.1	月刊
26	少年文集	1896.1	月刊
27	外国语杂志	1897.7	月刊

（续表）

序号	刊　　名	创刊时间	出版频率
28	日本图书月报	1897.8	月刊
29	中学世界	1898.9	半月刊
30	幼年世界	1900.1	月刊
31	东洋战争实记	1900.7	月刊
32	女学世界	1901.1	月刊
33	自治机关·公民之友	1903.1	月刊
34	实业世界·太平洋	1903.1	月刊

　　根据表2可知，自1887年6月15日创立以来，东京博文馆迅速发展壮大，至1903年十二月福州东文学堂改组扩充为全闽师范学堂期间，东京博文馆一共创办30余种期刊。其中，在博文馆成立当日，《日本大家论集》创刊，翌年创办6种期刊，其后的每一年都有期刊创刊，数量不等，博文馆从一个新成立的出版机构逐渐成为"杂志王国"。东京博文馆成为近代日本出版业发展的一个佼佼者，秉承它的"薄利多销主义"，迅速占领和影响了明治时期的出版市场。

　　2. 东京博文馆出版的特点

　　作为一个新创立的出版机构，东京博文馆为了抢占近代日本出版市场，始终秉承其薄利多销主义，将图书定价尽量压低，使日本普通百姓能够买得起，这也是博文馆能够在短时间内迅速发展并独占一方市场的成功秘诀。这就是东京博文馆图书、杂志出版的一大特点。另外一个显著特点便是，博文馆善于在其出版的图书中插入本社的售书广告以扩大图书销量。

笔者在参与本馆"闽师之源"文献的整理过程中,逐册翻阅福州东文学堂藏书,发现东京博文馆在其出版的日文原版图书的正文末页与版权页之间插入页数不等的博文馆图书出版广告,广告内容大都为博文馆新近出版的图书书目信息,图文并茂,广告页所选用的纸张颜色与厚度明显区别于图书正文的纸张,如浅蓝色、粉红色等较醒目的颜色,意在吸引阅书之人的目光,从而增加图书销量。《大众传媒与现代文学》载:"(博文馆版《日清战争实记》)初期正文约为104—112页左右,自第十一编(12月7日)以降增至120页,第二十一编(1895年3月17日)增加到130页。除正文外,还可见博文馆的出版广告,但其他公司的广告几近于无。"[①] 另,山本武利著《广告的社会史》载:"在博文馆时代,无论是出版商还是读者都认识到,出版广告尤其是杂志广告必须为读者提供各种信息,并且需要积极利用。"[②]

二、福州东文学堂购置东京博文馆版图书之原因分析

在现存的福州东文学堂藏书中,东京博文馆出版的日文原版图书就占近三成,成为该学堂藏书的重要组成部分。福州东文学堂在购置学堂辅助用书时为何如此青睐博文馆图书,笔者结合东京博文馆的特点和学堂相关情况试作探讨。

(一)东京博文馆图书的价格优势

笔者在介绍东京博文馆的概况时就已提到,博文馆得以在

---

① 陈平原等:《大众传媒与现代文学》,新世界出版社2003年版,第41页。
② 〔日〕山本武利:《广告的社会史》,第164页。

短期内迅速崛起，占领近代日本出版市场的较大份额，其很重要的原因就是博文馆出版的图书、杂志市场售价相对较低。据《日本出版百年史年表》[①]，博文馆主张的薄利多销，实际上就是控制每册图书的销售价格，压低售价，靠销量获取更大的利润，购书者能以更少的费用购得想买的图书，何乐而不为？这是博文馆图书受青睐的主要原因。

（二）福州东文学堂的经费之限

福州东文学堂是在清末学习东文的高潮下创办的一所私立学堂，据郑权《福建之存亡》载："他省亦有东文学堂，然不若其在福建之势力日张而范围日扩。"[②]较他省的东文学堂，福州东文学堂的经费情况略好些，接受了官绅捐款和日本捐款，但也常常为经费问题所困扰，只是紧张与稍微缓解之区别。《福州东文学堂三年报告汇编》的《预计常年经费表》之末补充说明了当时的经费情况："右表《预计常年经费表》统计全年需款二千六百余圆，除东文教习暂由东亚同文会津贴外，常费不及千圆，可谓极省，而出入相抵，三年总核表已垫支六百圆，为日方长，不敷尚巨，筹款之难如此。"[③]光绪己亥（1899）四月，学堂各绅董讨论商定筹款事宜，订立《己亥四月筹办续议十二条》，明确学堂经费的现状，即"学堂开办以来渐著成效，惟经费不敷甚巨，由经理人随时设法挪垫"，甚至在学堂创办翌年的一至四月份，因没有绅董的捐款，学堂的经费"入款仅及出

① 〔日〕山本武利：《广告的社会史》，第163—164页。
② 郑权：《福建之存亡》，福建省图书馆藏，1902年八月刊行，第8页。
③ 王孝绳：《福州东文学堂三年报告汇编·预计常年经费表》，第144页。

款三分之一,力薄日长,势难久拄",遇到经费不充足又暂时筹不到款时,通常由"绅董互保向钱庄低息借应用,续筹接济"。足见学堂办学经费之窘迫,办学之艰难。

为了筹得更多款项,缓解经费困境,学堂极尽所能地充实学堂经费。一、学堂接受学堂绅董、日本官商捐款。本书第三章的《官绅书捐题名》即为学堂接收绅董捐款之详情。学堂还接受日本官商捐款,据笔者粗略统计,自1898年至1900年,总计龙银16445圆、金1000圆、鹰银30圆。二、学堂优等生的一半译书费可充为学堂经费。1900年十二月二十五日新订立的《简明新章四条》就规定:"本堂预习科以一年毕业,本科以二年毕业。由堂发给执据,并与湖北、上海奏设之南洋译书局、商务农学各报馆商定,凡本堂优等生领有毕业执据者,准代担任翻译各书报之事,所赠译费半充堂款。"①三、学堂生徒的束脩、伙食杂费。其收费标准为束脩每月四圆,开学之日先交半年,遇到闰月时照加,如中途辍学者,其束脩作为学堂经费充公;伙食费每月二元四角,月初先交付。四、社会捐款。福州东文学堂通过赠送入学名额来募集社会捐款。"月捐十圆以上者,送学生一名,到堂肄业不收束、伙。月捐五圆以上者,送学生一名,不收束脩,伙食照交。捐款一百圆者,送学生一名,肄业一年,不收束、伙。捐款五十圆者,送学生一名,肄业一年,不收束脩,伙食照交。"②但是学堂接受社会捐款也有

---

① 王孝绳:《福州东文学堂三年报告汇编·简明新章四条》,第139页。
② 王孝绳:《福州东文学堂三年报告汇编·己亥四月筹办续议十二条》,第72页。

所限制,主要限于本省人士。《己亥四月筹办续议十二条》规定:"筹捐宜有限制,不出本省或地方公费划支,或本省官场乐捐,或本省在籍在外绅士劝捐,均属不失主义,此外一概不敢滥募。"①

尽管学堂竭尽所能地筹集捐款,但仍无法摆脱经费问题的困扰,而学堂正常的开办、添置、束脩、工资、伙食、屋租、应酬、出洋经费、杂用等各项用度又不能少,学堂只能在经费情况稍好的时候,陆续购买各种书籍,"堂中俟经费有余,当陆续购置汉文、东学各种书籍,物理图器,算学仪器,各种新报,以备纵观、博取之资"②。学堂在购置图书时既要选用日文原版图书,又要考虑购置图书的费用,所以只能首选图书价格相对较低,发行量较大的图书,如博文馆出版的图书。这大概就是为什么福州东文学堂藏书中有很多博文馆藏书的原因。

三、福州东文学堂藏博文馆《工业丛书》

在福州东文学堂藏的博文馆图书书目中,仔细分析《福州东文学堂藏东京博文馆图书书目》,发现有不少是属于丛书,比如《社会文库》(1894 年)、《工业丛书》(明治三十四年至大正五年,即 1901—1916 年)、《东洋通史》(1903 年)、《少年读本》、《日本法文学史料》等。这些丛书都是博文馆在不同时期出版发行的多卷本系列丛书,笔者在此主要介绍《工业丛书》。

---

① 王孝绳:《福州东文学堂三年报告汇编·己亥四月筹办续议十二条》,第64页。

② 王孝绳:《福州东文学堂三年报告汇编·学堂约章六条》,第 7 页。

《工业丛书》全套书共 63 卷，个别卷数有第二版。笔者登录日本国立国会图书馆网站搜索博文馆《工业丛书》，根据搜索结果，按出版的先后顺序排列整理出《博文馆〈工业丛书〉书目统计表》。根据统计情况来看，博文馆的《工业丛书》卷数较多，是一部大型工业丛书，涵盖了工业的主要方面。根据福州东文学堂留存书目来看，学堂现存以下五卷：《工业丛书·水及油》《工业丛书·机关车》《工业丛书·陶器制造化学》《工业丛书·工场管理法》《工业丛书·道路学一斑》。应该说，据现存情况来看，福州东文学堂藏的《工业丛书》存卷为丛书刚开始出版（1901—1902 年）的几卷。然而福州东文学堂在1903 年十二月才改组扩充为全闽师范学堂，也就是说学堂在改组前还是可能继续购置图书的，那么 1903 年十二月之前出版的共计 19 卷，即表 3 中的《舶用机关学》之前除学堂现存有的 5 卷以外的 14 卷有可能也被学堂购置，但受学堂经费所限，也存在学堂未逐卷购置的可能。历史中福州东文学堂藏书的真实情况如何，这有待更多学堂相关资料的发现才能更深入地研究。因藏书留存情况、学堂存书目录缺失及学堂藏书历经数次辗转搬迁，藏书或有遗失，能确定的是学堂存有《工业丛书·水及油》等 5 卷的存卷，对另外 14 卷的推断有待更多关于藏书资料的发现才能证实。

表 3　博文馆《工业丛书》书目统计表

题　名	出版年月
水及油	明治三十四年（1901）八月
陶器制造化学	明治三十四年（1901）十月

（续表）

题　　名	出版年月
机关车	明治三十四年（1901）十二月
构造强弱学	明治三十五年（1902）一月
工场管理法	明治三十五年（1902）三月
电气工学一斑	明治三十五年（1902）六月
道路学一斑	明治三十五年（1902）七月
油类工业分析	明治三十五年（1902）九月
动力发生及分配	明治三十五年（1902）十一月
瓦斯及石油机关	明治三十六年（1903）一月
酿造法一斑	明治三十六年（1903）一月
工业经济	明治三十六年（1903）三月
工业用金属材料学	明治三十六年（1903）四月
染色法	明治三十六年（1903）七月
水理一斑	明治三十六年（1903）七月
硝子制造法	明治三十六年（1903）八月
工业用植物纤维	明治三十六年（1903）十一月
舶用机关学	明治三十六年（1903）十二月
绘具制造法	明治三十七年（1904）一月
实地土木工学	明治三十七年（1904）一月
纺织一斑	明治三十七年（1904）三月
工业数学	明治三十七年（1904）五月
调带及调绳	明治三十七年（1904）七月
机织及意匠一斑	明治三十七年（1904）八月
桥梁学：铁道桥及人道桥	明治三十七年（1904）八月
工业药品制造法	明治三十七年（1904）九月
电话机及电话交换	明治三十七年（1904）十月
燃料及测热法	明治三十七年（1904）十一月
计算尺原理及使用法	明治三十七年（1904）十一月

（续表）

题　名	出版年月
石碱制造法	明治三十八年（1905）二月
蒸汽机关	明治三十八年（1905）四月
力学图解法	明治三十八年（1905）七月
最新汽机回转汽机	明治三十八年（1905）八月
工业经济 2 版	明治三十八年（1905）九月
水力机械学	明治三十八年（1905）九月
电灯及电气铁道	明治三十八年（1905）十月
制冰及冷却法	明治三十八年（1905）十月
电气磁气计算法	明治三十八年（1905）十一月
铁道及其建设	明治三十九年（1906）一月
机械设计法	明治三十九年（1906）三月
实用制革法	明治三十九年（1906）四月
接合剂制法	明治三十九年（1906）五月
脂肪油脂肪及蜡	明治三十九年（1906）六月
隧道新书：实地应用	明治三十九年（1906）八月
蒸汽罐使用法	明治三十九年（1906）九月
工业瓦斯	明治三十九年（1906）十二月
木船构造术	明治三十九年（1906）十二月
色彩学	明治四十年（1907）五月
实用铸金术	明治四十年（1907）七月
电气化学	明治四十一年（1908）一月
架空索道运搬法	明治四十二年（1909）七月
硫酸及硝酸制造法	明治四十二年（1909）九月
消毒药剂制法	明治四十三年（1910）六月
医药制法	明治四十三年（1910）十月
铁筋混凝土施工法	明治四十五年（1911）七月
石炭采掘法	大正三年（1914）

（续表）

题　名	出版年月
油脂工业试验法	大正四年（1915）
电线制造法	大正五年（1916）

　　博文馆《工业丛书》是该社出版的丛书之一，与该社出版的其他丛书，如吉肥池庆正编的《蚕丝业全书》（11编）、百足登编的《音乐全书》（6编）、大和田建树编的《国民文库》（7卷）相比，是较大型的丛书。该套丛书持续出版16年，涉及工业的各个方面。这套丛书在当时日本出版界具有重要地位，并且该社出版的其他丛书也同样具有重要的参考价值。《上海档案史料研究》在其研究中指出，《普通百科全书》的编译者在编写过程中就参考了博文馆的《工业丛书》《蚕业丛书》《医学新书》①，也说明福州东文学堂在藏书购置上注重图书的来源，既优先选择当时日本的核心出版社，又注重从核心出版社中选择优质图书，充分发挥有限购书经费的最大用途。

第二节　福州东文学堂藏
福州美华书局铅印本《大美国史略》

　　根据中国图书馆分类法类目划分，福州东文学堂的藏书类目涉及法律、化学、教育、经济、历史、地理、日语、算术、哲学宗教、文学、政治等类目，其中历史类图书有15种，所占比重为14.42%。这15种历史图书中包括了光绪二十五年

---

　　① 邢建榕：《上海档案史料研究（第1辑）》，上海三联书店2006年版，第148页。

（1899）福州美华书局铅印本《大美国史略》，此书由美国蔚利高著并翻译。这也是留存至今的福州东文学堂藏书中唯一的一种在福州当地印刷出版的线装图书，由此引起了笔者的注意。

一、福州美华书局

福州美华书局位于现福州市仓山区仓前路天安里14号，又名罗札里奥·马卡尔出版公司（Rozario Marcald CO.）。陈兆奋、陈建的《近代福建地区最早最大的图书出版机构——福州美华书局》称福州美华书局为近代福建最早、最大的采用新式印刷技术的图书出版机构，其出版发行的介绍西方文化的图书传播了人文知识、科学知识，宣扬了维新变法思想。

福州美华书局由美国基督教会美以美会创办，清咸丰九年（1859）开始筹建，同治元年（1862）正式营业。因该书局为美国基督教会所创办，故书局创办的目标就是为了传教，传播西方文明，在其创立之初就得到了基督教会的帮助。美以美会在传教之初就非常重视发展出版事业，在第一位传教士来闽之前，美以美会已开始在华各商埠设立印书馆，并为入闽作了充分准备。1847年九月七日，柯林、怀德夫妇三名传教士远涉重洋抵达福州，准备创办书局事宜。为了传道便利，特聘请当地华人教习中文，学习福州话。1859年，美国传教士怀德发起创立了福州美华书局，传教士万为和保灵负责筹划组建。书局编辑多由华人担任，黄乃裳、黄治基、方道莱、谢锡恩等人皆担任过书局的编辑。

　　因得到美国圣经出版协会的捐款资助，福州美华书局的筹备者之一万为得以从香港和广州采购印刷机器，万为在香港先行学习印刷技术，并从广东聘请一名熟练的印刷工人到福州美华书局工作，从此福建有了近代新式的印刷技术。在作了充分的准备工作之后，福州美华书局于 1862 年正式开工。之后随着出版业务的扩展，书局陆续引进了新的印刷机器和技术，如1899 年福州美华书局购置了中文铅字、罗马铅字、多国色纸等。而福州东文学堂藏的《大美国史略》出版于光绪二十五年（1899），因书局在当年引进了中文铅字，故馆藏的《大美国史略》当为福州美华书局铅字版。

　　作为近代福建最早引进新式印刷技术的出版机构，书局出版书刊众多。如麦利和等编撰的《榕腔注音字典》（*Dictionary of The Foochow Dialect*）、圣书公会著的光绪十四年（1888）铅印本《旧约圣书创世纪》、德国传教士叶纳清著的光绪九年（1883）铅印本《真道衡平十回》、李春生著的光绪二十九年铅印本《民教冤狱解》等，书局也出版了一些介绍各国历史知识和科学技术的图书，如美国蔚利高著并译的光绪二十五年铅印本《大美国史略》、李春生撰光绪二十二年铅印本《东游六十四日随笔》、圣书公会著光绪二十二年铅印本《天儒并论》；另外还有《〈天演论〉书后一卷》《天文浅说三十一章》等。这些图书的出版使福建读者足不出户就可以看到、买到介绍世界各国文明的图书，开拓了当时福建读者的视野，通过阅读书籍实现开眼看世界。福州东文学堂地处省城福州，也选择购置当地出版的介绍美国历史的《大美国史略》，受福州东文学堂留存图书所限，目前只发现一种藏书为福州美华书局藏版，其实可能还有其他该书局出版的图书被学堂购置，供师生参考学习。

经过 40 余年的出版经营，1903 年六月，福州美华书局并入上海华美书局，上海联合书局将其改名为华美书馆。鉴于此前福州美华书局在福建出版业的工作和贡献，福州美华书局成为上海联合书局在福州的一个分局，名曰福州华美书馆，该社运营至 1915 年停业。福州美华书局虽未延续至今，但其作为近代福建最早、最大的出版机构，它引进国外先进的印刷出版技术，在福建近代出版业中留下了浓墨重彩的一笔，宣扬和传播了西方世界的文化、政治、历史等知识，为当时福建士人搭建了了解西方世界的桥梁。

二、福州美华书局铅印本《大美国史略》

三明学院图书馆"闽师之源"文献室藏的原福州东文学堂藏书《大美国史略》为光绪二十五年（1899）福州美华书局铅印本，书中钤有"福州东文学堂图书印""全闽师范学堂图书印"两枚红色印章。此书保存情况基本完好，卷首略有虫蛀，书籍装订线脱落，字迹清晰可见。据现有存书情况来看，此书为福州东文学堂藏的唯一一种在福州当地出版发行的古籍，也是学堂留存的唯一一种中文线装古籍。

《大美国史略》（*A History of the United States of America*），是由美国传教士蔚利高著并译，该书的序言是由黄乃裳在 1898 年所作。全书共二册八卷，附中美约章撮要，为了更加直

观地呈现,书中配有大量插图
和地图。本书的末尾附有英
文自序和英文内容提要、中英
文人名地名对照表。此书的
主要章节内容如下:第一卷为
《欧人觅出美洲并洲中土人及
履勘卜居事》,共计 12 节;第
二卷为《英人卜居美洲不成》,
共计 24 节;第三卷为《法人
卜居美洲及履勘占据并与英
启衅事》,共计 9 节;第四卷
《美邦民变抗英立原政法事》,
共计 36 节;第五卷为《自华
盛顿第一总统至阿但斯盎纳
西第六总统事》,共计 32 节;

图 4 三明学院图书馆藏《大
美国史略》书影

第六卷为《自乍克森至布堪安
九总统事》,共计 26 节;第七卷为《林堪总统时南北邦因黑奴
交战事》,共计 29 节;第 8 卷为《自乍呐森总统至美与西班牙
和局成》,共计 38 节。①

　　"闽师之源"文献室藏原福州东文学堂《大美国史略》为
第二册,卷五至八,第一册已散佚。此书版式为半叶 14 行 29
字,白口,四周双边,单鱼尾,天头附注解,字数不等。书名页

---

　　① 参邹振环:《西方传教士与晚清西史东渐》,上海古籍出版社 2007 年版,
第 362—364 页。

题"大清光绪二十五年福州美华书局活版",附有插图及像,如《欧罗巴洲全图》《北亚美利加地图》《伦敦圣保罗教堂》等。此书参照1882年美华书馆版《万国通鉴》的编排方法,即在书中按照字母书序编排《中英文人名地名对照索引》。这种编排方法在中国史书编写上属首创,为晚清时期编写世界史方面适应世界潮流的尝试。《大美国史略》在书中列了人名地名中西合并表。作者在《凡例》中也明确指出:"泰西人名地名,甚难记忆,有一名七八音者,兹集皆照谢卫楼《万国通鉴》所定,且于人先旁缀以姓,后缀以名,或但书其姓,但书其名,又于人地有多字者,已见于上,其下但取一二字……并别作人名地名中西合并表,以便西人查考。"①

在福州东文学堂留存的藏书中,历史类的书籍不少,其中就包括《大美国史略》,盖因此书为美国传教士所撰译,图书所介绍的内容更符合历史真实,且又为福建当地出版社出版,故学堂购置此书,这是学堂为了所开设的万国历史大意等历史课程所配备的图书。凭借此书,学堂生徒得以了解到更多西方文化历史的知识,拓展了视野。

综上所述,福州东文学堂藏书的全貌因历史因素未能知晓,但从留存至今的藏书中通过个案分析,依然可瞥见其存在的历史真实性。鉴于经费不足、博文馆图书价格相对低廉等因素,博文馆图书成为福州东文学堂藏书的重要组成部分,为学堂教习、生徒提供了文献资源保障。在众多的藏书中,仅有

---

① 〔美〕蔚利高:《大美国史略》之"凡例",美华书局1899年版。

福州美华书局铅印本《大美国史略》为本土印刷出版之图书，数量很少，却也是学堂教习、生徒借以了解西方文明知识的桥梁，共同构成和完成了藏书的使命，既保障了学堂教学目标的实现，也为其架起学习西方的知识桥梁。

附录 福州东文学堂图书印
及部分藏书、资料书影

福州东文学堂图书印

《法律教科书·平时国际公法》，东京专门学校出版部藏版，书中钤有"福州东文学堂图书印""全闽师范学堂图书印"。

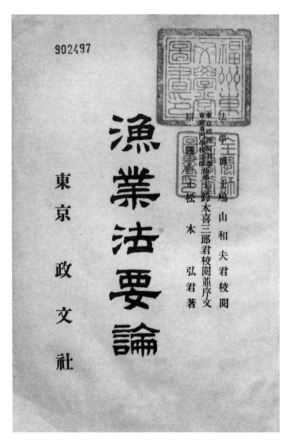

《渔业法要论》，东京政文社铅印本，书中钤有"福州东文学堂图书印""全闽师范学堂图书印"。

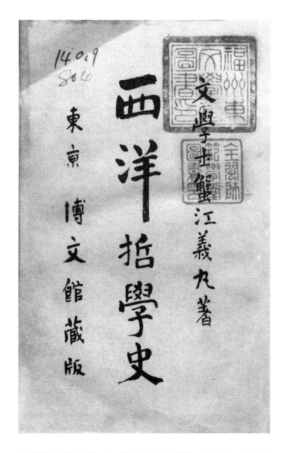

《西洋哲学史》，东京博文馆藏版，书中钤有"福州东文学堂图书印""全闽师范学堂图书印"。

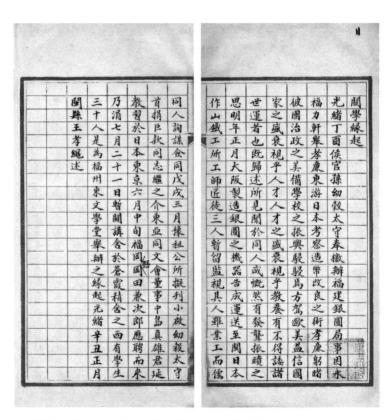

王孝绳《福州东文学堂三年报告汇编·开学缘起》，光绪二十七年（1901）
手抄本，福建师范大学图书馆古籍部藏。

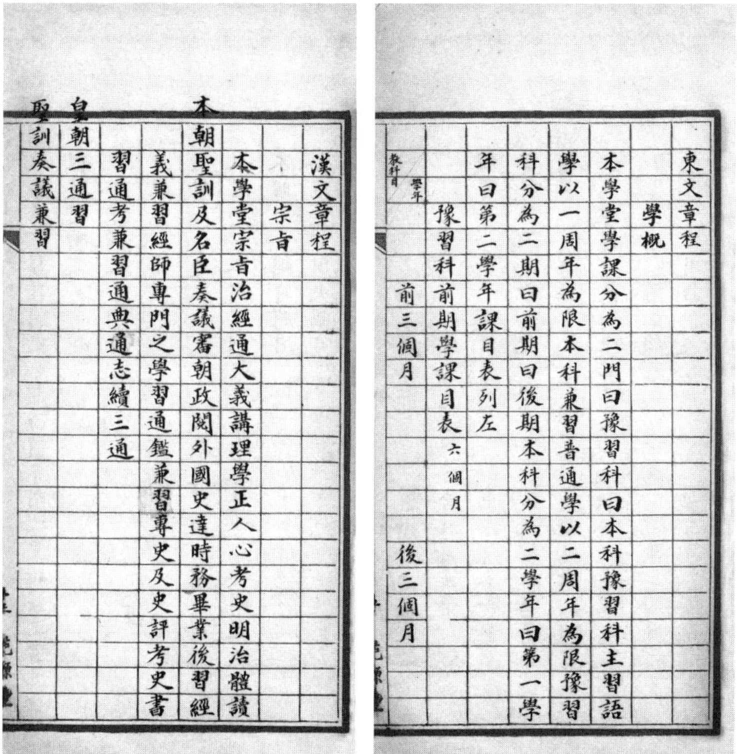
漢文章程
宗旨
本學堂宗旨治經通大義講理學正人心考史明治體讀
本朝聖訓及名臣奏議審朝政閱外國史達時務畢業後習經
義兼習經師專門之學習通鑑兼習尊史及史評考史書
習通考兼習通典通志續三通
皇朝三通習
聖訓奏議兼習

東文章程
學概
本學堂學課分為二門曰豫習科曰本科豫習科主習語
學以一周年為限本科兼習普通學以二周年為限豫習
科分為二期曰前期曰後期本科分為二學年曰第一學
年曰第二學年課目表列左
豫習科前期學課目表　六個月
學年
教科目
前三個月
後三個月

王孝绳《福州东文学堂洋报告汇编·汉文章程》《东文章程》，福建师范大学图书馆古籍部藏。

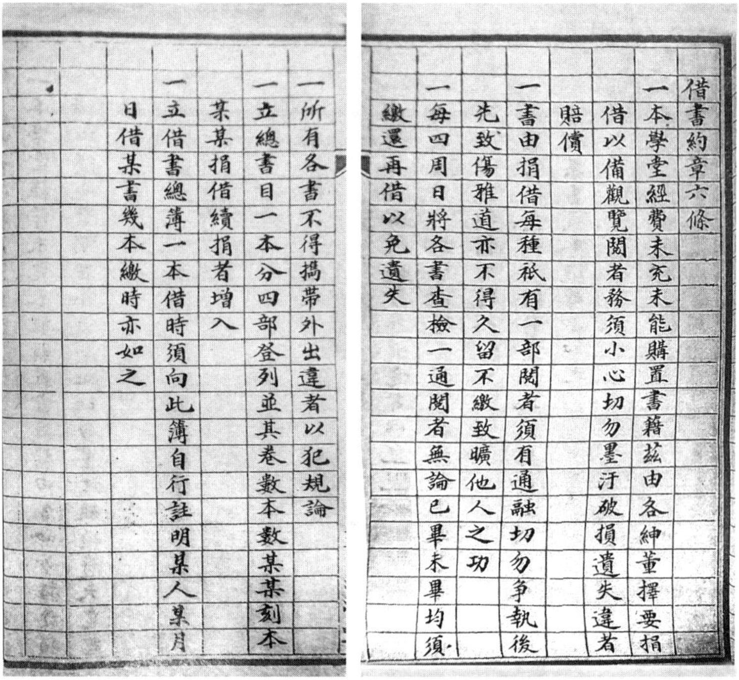

借書約章六條

一本學堂經費未充未能購置書籍茲由各紳董擇要捐借以備觀覽閱者務須小心切勿墨汙破損遺失違者賠償

一書由捐借每種祇有一部閱者須有通融切勿爭執後先致傷雅道亦不得久留不繳致曠他人之功

一每四周日將各書查檢一通閱者無論已畢未畢均須繳還再借以免遺失

一所有各書不得攜帶外出違者以犯規論

一立總書目一本分四部登列並其卷數本數某某刻本某某捐借續捐者增入

一立借書總簿一本借時須向此簿自行註明某人某月日借某書幾本繳時亦如之

王孝绳《福州东文学堂洋报告汇编·借书约章六条》，福建师范大学图书馆古籍部藏。

日本《官报》1898 年 10 月 7 日（日本历法），关于"福州东文学堂"的报道，
收藏于日本国立国会图书馆。

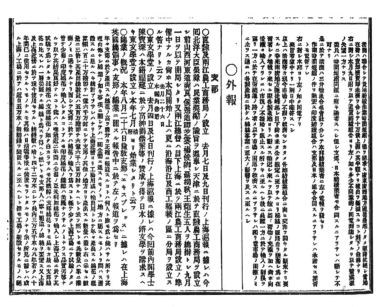

日本《官报》1898年10月7日（日本历法），清朝历法为光绪二十四年七月二十一日，关于"福州东文学堂"的报道，收藏于日本国立国会图书馆。

31

福建省永安师范学校

事由 请示并请协助本校处理新旧图书问题。

主送：福建省教育厅　　　发文字号　（62）字第 045 号

抄送：三明市教育局

　　我校建校历史较长，尚存旧藏书达数万册，特别是古籍收藏较多，解放以后，曾经数次整理，剔除了一些毒素很深的反动书籍，现存旧书中存有大批线装书籍，我们考虑：一方面，这些书籍（如政、英文科技书籍，十三经，廿四史，历代文选，十线装刊）作为中等师范藏书，对教学参考和学生阅读，不很适合，且多年不用，管理困难，极易损坏，若在高等学校或大型图书馆，都是难得的"古物"，对研究文史科学，有很大参考价值；另一方面，师生和学习需阅读和参考的书籍，又因经费困难，长期得不到添购。这是一个矛盾。我们拟定如下的处理办法：

　　1. 请教育厅派人来校了解，协商，将本校旧藏书加以调给，期望文教单位，另拨一笔图书的经费给本校购置适用的新书。

　　2. 请教育厅代我与有关单位联系，派人来校洽，商定新旧书交换办法，本着"质量交换，品质互换"原则下，协商处理。

　　以上处理旧书办法是否妥当，请即指示，并予协助。

福建省永安师范学校

一九六二年二月十二日

35

福建省教育厅信笺

福建省第二师范学院:

接永安师范学校（63）字第005号关于"请示该厅帮助本校处理新旧图书问题"的报告，略称该校存有不少线装古本书籍及外文书籍可供调给宁第学院使用，经我厅研究，抄送你院参看，如有需要可派人直接到永安师范学校接洽，办商量移交手续，到册上报我厅正式批准后，也到调剂使用。

敬启

抄送：永安师范学校
三明专署教育局

（印章：福建省教育厅）

本文时请注明本处日期及字号 1963 年 4 月 5 日（63） ……第6 …… 号

三明市档案馆藏:《永安师范学校欲处理的旧书问题专函》，档号：0094-006-0052-0033。

36

福建第二师范学院

院址：漳州蝴蝶山　　电话：7 4号

永安师范学校：

　　前奉省教育厅批示，我院即派中文系教师至你校阅览多套图书，并抄回书目，经我院领导研究，认为你校所存线装古本书籍及外文书籍，完全适合我院教学需要。现因开学在即，工作也较繁忙，拟在开学后一两星期内再派员去你校清点，並商定轉交手续，然后列册上报教育厅，进行调剂。特先函达，上述两套图书，希全部保留为荷。

　　　　此致

敬礼

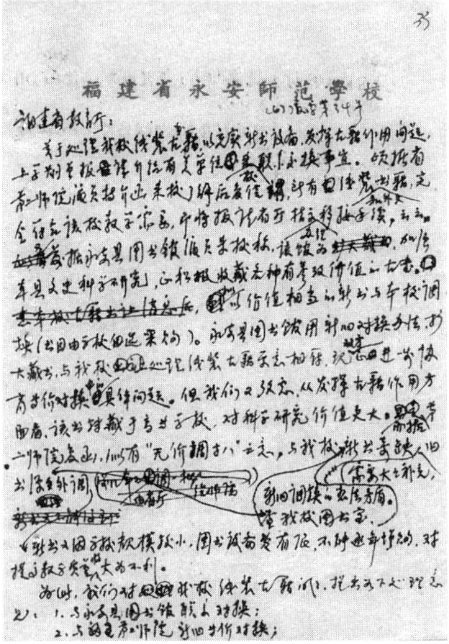

福建省永安师范学校

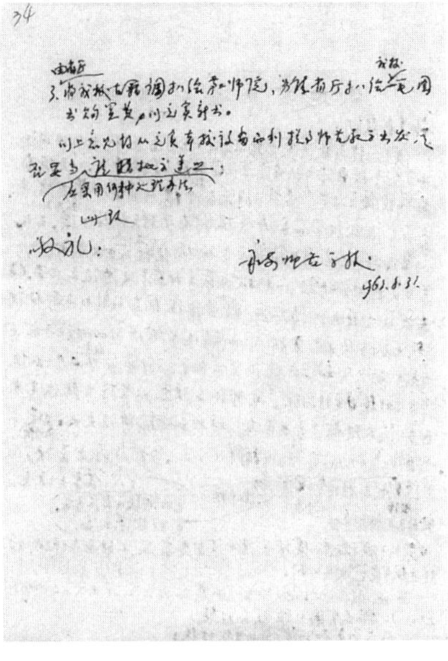

三明市档案馆藏:《永安师范学校欲处理的旧书问题专函》，档号:0094-006-0052-0033。

32

福建省教育厅信笺

永安师范学校：

据福建第二师院(63)图汪字第044号来函反映，该院派人去你校办理移接线装古书手续时，在工作上遇到一些困难，你校敖导主任不太愿意将二师院所需要的线装古书全部拨支。

为了更好地发挥你校秘存古书的作用，请你校仍应按我厅(63)敖计育字第02093号函通知规定办理，即：凡是第二师院所需要的古书，均应全部无代价拨给该校使用。并希加强协作，把移交工作办得更好，如有困难，请随时和我厅联系。

福建省教育厅

覆文时请註明本处日期及字号 1963年 11月 2日 (63) 函字第6311—1号

三明市档案馆藏：《永安师范学校欲处理的旧书问题专函》，档号：0094-006-0052-0033。

173

参考文献

一、图书

［1］蔚利高.大美国史略［M］.福州：美华书局，1899.

［2］吴晞.从藏书楼到图书馆［M］.北京：书目文献出版社，1996.

［3］《交通大学校史》撰写组.交通大学校史资料选编：第一卷［M］.西安：西安交通大学出版社，1986.

［4］陈平原，山口守.大众传媒与现代文学［M］.北京：新世界出版社，2003.

［5］陈剩勇.浙江通史：第7卷　明代卷［M］.杭州：浙江人民出版社，2005.

［6］陈学恂，田正平，李鸿章等.奏闽厂学生出洋学习折.中国近代教育史资料汇编：留学教育［M］.上海：上海教育出版社，1991.

［7］陈永正.多学科视野中的闽都文化［M］.福州：福建人民出版社，2009.

［8］方宝川，方挺等.福建历代私家藏书［M］.北京：国家图书馆出版社，2018.

［9］冯自由.《政治学》序言,政治学,上海:广智书局,1902.

［10］福建省档案馆.中国抗日战争全景录:闽台卷［M］.福州:福建人民出版社,2015.

［11］福建省地方志编纂委员会.福建省志:教育志［M］.北京:方志出版社,1998.

［12］福建省炎黄文化研究会,中共福州市委宣传部.闽都文化研究［M］.福州:海峡文艺出版社,2006.

［13］顾江萍著.汉语中的日语借词研究［M］.上海:上海辞书出版社,2011.

［14］《教育大辞典》编纂委员会编.教育大辞典:10［M］.上海:上海教育出版社,1991.

［15］黄新宪.台湾教育:从日据到光复［M］.上海:上海人民出版社,2012.

［16］李东林.大学图书馆建设与利用［M］.郑州:河南人民出版社,2007.

［17］福建省文史研究馆编.福建图书馆事业志［M］.北京:方志出版社,2006.

［18］刘德有,马兴国.中日文化交流事典［M］.沈阳:辽宁教育出版社,1992.

［19］刘海峰,庄明水.福建教育史［M］.福州:福建教育出版社,1996.

［20］檀仁梅,庄明水.福建师范教育史［M］.福州:福建教育出版社,1990.

［21］周文骏.图书馆学百科全书［M］.北京:中国大百科全书出版社,1993.

［22］卢美松.八闽文化综览［M］.福州:福建人民出版社,2013.

［23］上海文献汇编编委会.上海文献汇编:39文化卷［M］.天津:天津古籍出版社,2013.

［24］王西梅.中国图书馆发展史［M］.长春:吉林教育出版社,1991.

［25］王云祥.我国高校图书馆制度与读者权利冲突研究［M］.长沙:中南大学出版社,2011.

［26］鲜明.清末中国人使用的日语教材:一项语言学史考察［M］.北京:中央编译出版社,2011.

［27］辛希孟,孟广均.图书情报工作概论［M］.北京:中国科学院文献情报中心,1990.

［28］邢建榕.上海档案史料研究:第1辑［M］.上海:上海三联书店,2006.

［29］姚明达.中国目录学史［M］.上海:上海古籍出版社,2005.

［30］赵梦云.拨云见“日”［M］.上海:上海文化出版社,2000.

［31］政协福建省三明市委员会文史资料委员会.三明文史资料:第10辑 闽师之源［M］.北京:中国文史出版社,1993.

［32］朱有瓛,高时良.中国近代学制史料:第四辑［M］.

上海：华东师范大学出版社，1983.

［33］黄遵宪．日本国志：上卷［M］．天津：天津人民出版社，2005.

［34］梁启超．梁启超全集：1［M］．北京：北京出版社，1999.

［35］山本武利．广告的社会史［M］．北京：北京大学出版社，2013.

［36］东亚同文会．对华回忆录［M］．北京：商务印书馆，1959.

二、期刊、学位论文

［1］张根华．百年播迁，传承文脉：馆藏特色藏书的源流与传承［J］．图书情报通讯，2018（1）.

［2］张根华．清末福建教育办学中的日文藏书研究［J］．三明学院学报，2016（3）.

［3］菅野正．1900年春后藤新平长官福建访问［J］．奈良史学，1993（11）.

［4］韩永进．关于中国图书馆史研究的几点思考［J］．中国图书馆学报，2015（7）.

［5］何玲．被人遗忘的关于京师大学堂藏书楼的三个章程［J］．大学图书馆学报，2015（5）.

［6］何玲．千里追缴，一本不能少：京师大学堂催促师范馆毕业生归还图书事例［J］．大学图书馆学报，2013（3）.

［7］黄庆法．福州东文学堂述论［J］．华侨大学学报（哲学

社会科学版），2004（2）.

　　[8]黄庆法.台湾总督府的"对岸经营"研究：以教育为中心[D].厦门：厦门大学，2008.

　　[9]李小兰.试论清末东文学堂日语教科书[J].解放军外国语学院学报，2013（2）.

　　[10]王宝平.近代中国日语翻译之滥觞：东文学堂考[J].日语学习与研究，2014（2）.

　　[11]诸户北郎.清国福建省福州日本语学校[J].太阳，1899，5（4）.

三、档案

　　[1]王孝绳.福州东文学堂三年报告汇编[A].光绪二十七年（1901）抄本.福州：福建师范大学图书馆古籍部.

　　[2]福建师范学堂编印.福建师范学堂一览[A].福州：福建师范学堂，1909.

　　[3]谢灼华.中国图书史与中国图书馆史[A].武汉：湖北省高等学校图书馆工作委员会等，1985.

　　[4]唐文基等.陈宝琛与中国近代社会[A].福州：陈宝琛教育基金筹委会，1997.

　　[5]福建省档案馆藏.福建省立师范学校二十八年度变更事项简表[A].档号：0002-003132-0086.

　　[6]福建省档案馆藏.关于请准赐令处理乌山师范学校校舍及器具给福建省政府的呈[A].档号：00001-001-000636-0004.

［7］三明市档案馆藏.关于筹办中等师范学校的通知［A］.档号：0119-021-0109-0013.

［8］三明市档案馆藏.关于三明地区中等师范学校基建计划报告［A］.档号：119-21-109-21.

［9］三明市档案馆藏.关于调动、收回原永安师范人员和财产问题的通知［A］.档号：119-22-42-1.

［10］三明市档案馆藏.关于永安师范校舍、财产、人员处理的意见［A］.档号：119-19-34-10.

［11］三明市档案馆藏.请示并请协助本校处理新旧图书问题［A］.档号：0094-006-0052-0031.

［12］三明市档案馆藏.永安师范学校欲处理的旧书问题专函［A］.档号：0094-006-0052-0033.

［13］永安市档案馆藏.函知本校迁址办公由［A］.档号：83-10-157.

［14］台北"中央研究院"近代史研究所.中国近代史资料汇编［A］.台北："中央研究院"近代史研究所,1957.

后　记

从 2015 年笔者参加三明学院图书馆"闽师之源"文献的整理首次接触到福州东文学堂藏书到现在，已经过去 7 年多。从初次见到的好奇，到逐册翻阅，再到深入研究，撰写福建省哲学社会科学规划项目申请书，再到成功获批立项，吾上下而求索，在课题组成员和多方的帮助下，拙著终能与大家见面。欣喜之余，更深深感激各位同仁及相关单位的热心帮助。

本书选取福州东文学堂藏书作为研究对象，主要是出于两个方面的考虑。一是据笔者搜索福建省的其他公共图书馆和高校图书馆，暂未发现福州东文学堂藏书，而三明学院图书馆"闽师之源"文献室却藏有数百册该学堂藏书，这弥补了福州东文学堂藏书的空缺，对它展开研究具有重要意义。一是1898 年七月二十一日创办的福州东文学堂是在清末学习东文的高潮下创办的学校之一，学堂为了促进日语学习，配备了相应的辅助图书。据笔者搜集到的资料来看，暂未发现以东文学堂藏书作为专题进行研究的，故笔者在搜集学堂相关资料的基础上，撰写项目申请书，对其作专题研究，力图深度解读藏书背后更深刻的历史规律。

　　乘福建省哲学社会科学规划办公室和三明学院重视科学研究之东风，从《清末福州东文学堂藏书研究》项目申请书的撰写、修改、提交，到最后的获批立项，总体来说还是比较顺利的，在这一过程中得到了很多人的帮助。首先要感谢三明学院图书馆馆长柳传堆教授、海峡理工学院院长王立端教授拨冗帮忙逐字修改项目申请书，并提出宝贵的修改意见，感谢三明学院图书馆时任馆长马腾同志的鼓励。第二，要感谢我校科研部门和福建社科规划办相关老师的帮助，细心解答在完成项目实施过程中需要注意的事项、项目系统填报、中期管理、经费使用、结项材料等问题，正是有了他们的帮助才使项目如期展开研究。第三，感谢曾经一起参与"闽师之源"文献整理的同事，特别是余芹老师，在此项目未获批立项之前，她就与笔者奔走于三明、永安、福州等地数家单位，搜集与课题相关的资料。巧妇难为无米之炊，没有资料的广泛搜集，就没有后面开展研究的基础。在此一并谢过曾经给予我帮助的领导、同事，另外，对在出版过程中予以帮助的同窗吴燕先生，致以诚挚的感谢。

　　本书能最终得以跟大家见面，离不开充分的资料搜集工作。为了搜集课题所需的原始文献，我与相关同志辗转于三明、永安、福州等地的数家单位搜集资料。在三明，笔者曾在三明学院档案馆、三明市档案馆、三明市政协文史委员会搜集资料，笔者曾多次到三明市档案馆搜集永安师范学校办学档案，特别是搜集到关于"永安师范学校古旧图书处理"的数份珍贵档案，对福州东文学堂藏书在永安师范学校的传承问题有了突破性的进展和认识。在永安市档案馆、永安市博物馆搜集到福建省立师范学校内迁永安前后的数份档案，使藏书传承的线索、藏书数量有了新的认识。在福州，笔者与余芹同志辗转于福建省档案馆、福州市档案馆、福建师范大学图书馆古籍部等数家单位，搜集到研究福州东文藏书的直接史料《福州东文学堂三年报告汇编》，获取了《福州东文学堂章程》的资料线索，为各部分的研究提供了较为详实的第一手资料。

福州东文学堂办学时间在清末，距今有百余年历史，且办学时间较短，留下的资料较少，再加上福州东文学堂在独立办学后改为全闽师范学堂，在其之后又经历多次的合并、更名、迁址，致使很多资料散佚。笔者虽经过多方搜索，获取了部分史料的线索，但却因为地域、国别等因素未能最终获得相关资料，如《福州东文学堂章程》《清国福建省福州日本语学校》等。在研究过程中，因为这些资料的缺失，可能导致对某些问题的研究不够客观准确，笔者虽力求完备，却不免顾此失彼。恳请方家与广大读者不吝赐教，以臻完备。

胡彩云

2022 年 10 月